フォーラム 新幹線学

2020

新幹線は地域を どう変えるのか

櫛引素夫 著

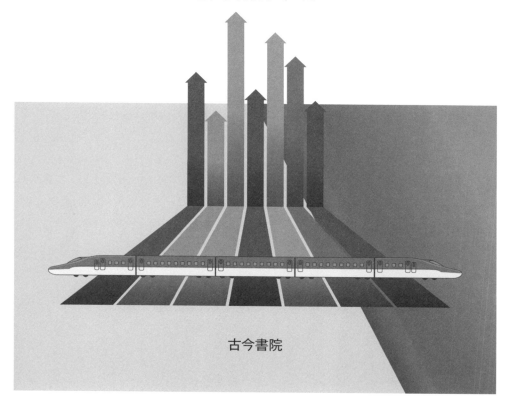

古今書院

本書が目指すもの

◉ねらいと想定読者

　本書はタイトルに示した通り、「新幹線は地域をどう変えるのか」について、議論し、語り合うためのテキストを目指して執筆しました。

　本書でいう「新幹線」は、1970年代から構想が進んできた「整備新幹線」、着工を求める動きが活発化している「ポスト整備新幹線」（筆者の造語です）、さらには建設中の「リニア中央新幹線」を指しています。

　同じく「地域」としては、主に開業から間もない沿線地域、あるいは開業を控える地域を想定しています。また、読者としては主に、地域にお住まいで新幹線問題に関心のある方、行政機関や企業、経済団体、観光団体で新幹線問題に携わっている方、さらには教壇に立つ教職員や学生・生徒の皆さんをイメージしています。このような方々にとって、「等身大」の対話や議論、対策の検討、地域政策形成の参考になれば、と考え、執筆を思い立ちました。

◉本書の特徴

　本書には、3つの特徴がある、と考えています。

　①実体験に基づく、ジャーナリスティックな、もしくは実務者の視点での提起

　②取材や調査、講演の質疑から立ち上がったテーマの選択と、「論点」の整理および「仮説」の提示、さらに読者の皆さんへの「問いかけ」を通じた、「対話」形式の記述

　③SNSを活用した検討および議論の反映

以下、詳しく述べます。

　1点目は、本書の切り口、基本的な視座です。

　筆者は、青森県の地方紙・東奥日報の記者として、2000年から10年余りにわたり、整備新幹線の取材に従事していました。並行して、2002年から在野の新幹線研究者として活動し、2013年からは大学に身を移して、研究を重ねてきました。2015年以降は、研究者としての活動とは別に、「地域ジャーナリスト」の名乗りで、ネットメディア・東洋経済オンラインに連載「新幹線は街をどう変えるのか」などの記事を執筆しています。

　記者として、また、フィールドワーカーとして、北海道、東北（盛岡以北）、北陸、九州・鹿児島ルートの各整備新幹線沿線、そして最近はリニア中央新幹線の沿線を、断片的ながら定期的にウオッチしてきたことが、筆者にとっての大きな財産です。

　主に、統計資料や各種のデータを参照しつつ、沿線の現地の景観やさまざまな方々の証言、印象、そして「現場の空気感」を主な拠り所に取材・調査を重ねてきました。新幹線にかかわった原点が記者としての活動だったため、主にジャーナリスティックな手法で、新幹線にアプローチしてきたと言えます。その理由の一つは、後で詳しく述べますが、新幹線を取り巻く事象・ものごとが、あまりに複雑かつ広範囲にわたるため、容易に体系化や理論化ができなかったことです。

　本書は、筆者のアプローチを反映し、「筆者が直接、見聞し、あるいは確認できた事柄をベースとした、ジャーナリスティックな視点、あるいは実務者としての視点からの記述と提起」を心がけました。いわば、「現場から立ち上がった視点と問題意識」が1点目の特徴です。ただし、新幹線の沿線すべてを網羅できてはいません。記述や考察には地域的・時期的な偏りがあり、比重としては青森県とその近辺が大きくなっています。

　2点目は、上記のような特徴を反映した、記述の方法です。

本書で言う「新幹線」をめぐっては、全国各地でさまざまな事象が並行して進行しており、個人の力では、沿線全域にわたる緻密な調査を展開する余裕がありません。しかし、十分なデータや知見の蓄積と体系化を試みると、現実の地域づくりの議論や対策に間に合わない可能性が高くなります。

　そこで、調査や取材対応、講演での質疑などで話題に上ることの多かったテーマやエピソードを選び、「論点」の整理と「仮説」の提示、および読者の皆さんへの「問いかけ」を通じた、「対話」形式の記述を採ることにしました。

　3点目は、本書の執筆プロセスに関することです。

　上記のように、筆者は北海道から九州まで、何度となく新幹線沿線を訪れました。しかし、何度訪れようとも、現地の方々に比べれば、知見も視点も、限定的なものでしかありません。そこで、Facebook でつながりのある友人知人に呼びかけて「グループ」をつくり、本書執筆に向けてのメモ書きを囲んで、意見・情報交換にご協力いただきました。グループには 50 人余りの方がご参加下さり、時代と地域、時には国境を越えた検討が実現しました。「特定多数の人々の協力による集合知の活用」という、ネット時代ならではのプロセスを経たことが、本書の3点目の特徴です（ただし、参加者が筆者の見解に同意しているとは限りません）。

　なお、新幹線の構想の経緯や詳細なデータについては、筆者も参考にした、優れた書籍や資料が世に出ています。これらと重複する記載は最小限にとどめ、代わりに、現場で話題になりながらも、真正面から取り上げられることが少なかった話題や視点を主に記述しました。

　全体としては、筆者独自の視点や提起を主としながら、既存の情報の透き間・空白も埋めるよう試みました。

◉「フォーラム」としての展開：「新幹線学」

　緒言の最後に、本書のタイトル説明を兼ねて、筆者が考えてきたことを記

します。

　筆者は、マスメディアの記者の取材には積極的に応じるよう心がけてきました。そして、何度となく、同じ質問を向けられ、何度となく、少なからぬ時間を応答に費やしてきました。「○○新幹線の建設は成功だったんですか、失敗だったんですか？」という質問が、その代表的なものでしょう。

　同様に、新幹線開業を控えた地域の方々からも、時には講演に招かれて、多くの質問をいただいてきました。最も多く話題に上るのは、やはり「どうすれば経済効果に結びつくか」という言葉だったように感じています。

　しかし、実のところ、これらの質問に答えるのは容易なことではありませんでした。その理由のいくつかは、本書で言及しますが、上記の通り、「地元のことを最も深く広く知っているのは、地元の方々」であり、「地元の方々が分からないことは、そうそう、よそ者には分かりようがない」という事実が、最も大きな理由です。

　その一方で、沿線には、新幹線をめぐる「どうにも抜けられない思い込み」も幾重にも生じており、当事者の視野や活動をさまざまに狭めています。

　2010年代に入ったころでしょうか、友人たちと「『新幹線学』があってもいいよね」という言葉をたびたび交わすようになりました。体系だった「学問」として成り立ちがたくても、新幹線という「テーマ」を起点として、さまざまな学問や理論、事象を関連づけ、＜みんなで＞論じていけないか――。やがて、この言葉を取材対応やヒアリングでも口にするようになり、「新幹線学があるなら、ぜひ学びたい」というリクエストが寄せられるようになりました。

　現時点では、「新幹線学」はまだ、中身も「目次」も空に近い状態です。しかし、オンライン・オフラインで、多くの方々が語らううち、何かが生まれるのではないか。そんな期待を、個人的には抱いています。

　実現の可能性はさておき、本書は「新幹線学」の言葉を、「こんなことを調べられたら、新幹線の正体がつかめるのではないか」「新幹線の頭と尻尾を押

さえるためには、こんな論点整理が必要なのではないか」という意味合いで使っています。また、「いつか、筆者が自分で調べたい」、あるいは、「特に沿線に住む方々が自ら、このようなことを調べたらよいのでは」、さらには「このような目的や体系に沿って『新幹線のある地域づくり』を進めてはどうだろう」という、ある種の「ウィッシュ・リスト」としても使っています。

実は、本書は当初、「集中講義のテキスト」をイメージした書名や構成を検討しました。これをさらにアレンジして、「冊子を通じたフォーラム」という形に落とし込んだ格好です。このため、横書きを採用し、また、ページの下方に書き込みをしやすいよう、余白を多めに取るなど、レイアウトも工夫してみました。

本書の執筆は、実験的かつ未熟な試みではあります。しかし、数十年の時間と数兆円のお金を投じて建設されているにもかかわらず、新幹線をめぐる議論や検討は到底、十分とは言えません。その状況に、何とか一石を投じたいと考えました。筆者にとっては『地域振興と整備新幹線』（2007 年、弘前大学出版会）出版に続く、2 度目の蛮勇を振るう機会となりました。本書にダメ出しをしながら、あるいは余白・空白を埋めるつもりで、手の届くところから、新幹線をめぐる議論を活発化させていただければ幸いです。

※本書をお読みいただく際は、ぜひ、筆者が東洋経済オンラインに 2015 年から執筆している連載「新幹線は街をどう変えるのか」をご参照下さい。北海道・東北・北陸・九州（鹿児島ルート）の各整備新幹線沿線、そして山形新幹線、リニア中央新幹線沿線の飯田市付近を取り上げています（https://toyokeizai.net/category/ChangeCityOfftheShinkansen）。このほか、最小限の参考文献について、巻末にリストを記しましたので、併せてご覧下さい。

目　次

第1章 「新幹線」のあゆみ

（1）概要

◉高度成長と日本列島改造論

【図1】に、広義の新幹線ネットワークの図を示しました。

戦前に起点を置く「新幹線」の開発構想は、1964（昭和39）年の東海道新幹線開業として実を結び、多大な成功を収めました。やがて、新幹線はそのまま、「太平洋ベルト地帯」をなぞって西へ延び、1972年に岡山開業、75

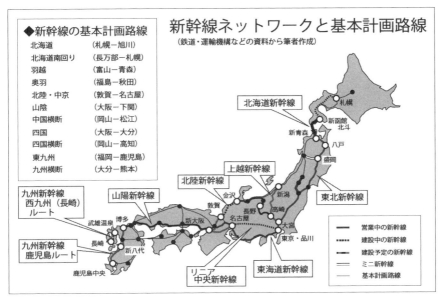

図1　新幹線ネットワーク

年に博多開業を迎えます。

　当時、国内は高度経済成長が進み、大都市圏や製造業が発達した地域と、それ以外の地域との格差が広がっていました。その格差を是正するため、高速道路と新幹線のネットワークを日本中に張り巡らせて、製造拠点や都市的環境を各地に分散させ、あるいは新たに誕生させようという構想が生まれました。1969 年に策定された第二次全国総合開発計画（新全総）は、北海道、東北、上越、北陸、山陰など各地に新幹線網を建設し、「国土開発の新骨格」を形成する構想を示しています。

　1970 年には、議員立法で「全国新幹線鉄道整備法」が制定され、新幹線を建設する法的根拠ができました。その後、新幹線構想を強力に推進していた田中角栄氏が 1972 年に「日本列島改造論」を発表し、新幹線ネットワークで日本中を覆う計画が、広く社会に認知されます。

　ここで、新幹線建設のごく大雑把なステップを記しておきます。最初に決まるのが「基本計画」で、起点と終点、主な経由地を示します。次に決まるのが、走行方式や最高設計速度、区間、建設費の概算額などを示した「整備計画」です。そして、環境アセスメントを経て、詳細なルートや駅舎の位置を定める「工事実施計画」が策定され、国の「認可」を経て着工します。

　全国の新幹線建設構想は、この手続きを、大きく 3 陣に分かれ、1 年刻みで踏んでいきました。ところが偶然この手続きの時期に、日本はオイルショックと高度経済成長の終焉という激動に直面したことから、第 1 陣、第 2 陣、第 3 陣のその後の歩みは、大きく隔たってきます。
（そして、この「1 年刻みの差」、つまりは「タッチの差で念願を叶えられなかった」という思いこそが、多くの地域を、数十年にわたる建設促進運動に駆り立てた一つの要因のように感じられます。）

　1971 年、東北（盛岡以南）、上越、成田の 3 路線の基本計画が決まりました。この 3 路線は同年中に整備計画も決定し、認可・着工にこぎ着けていま

す。ただ、成田新幹線は、成田空港の建設反対運動などによって工事が中断し、結局、整備計画が失効しました。

第2陣として1972年に基本計画が決まったのが、北海道、東北（盛岡以北）、北陸、九州・鹿児島ルートでした。同年中に九州・長崎ルート（現在は西九州ルートとも）の基本計画も決定します。これらのグループは、1973年に整備計画が決まりました。しかし、第1陣とは異なり、認可まで16年から31年もの年月を要しました。その主な要因は、国鉄の経営難が社会問題化し、一方で、上記のオイルショックによって日本の高度経済成長そのものが終焉を迎えたことです。

これらの5路線は、「整備計画が決定済みなのに、着工にこぎ着けられない5路線」と扱われるうちに、いつしか「整備5線」「整備新幹線」と呼ばれるようになりました。英語では適切な訳語が思いつかない、意訳に意訳を重ねた用語ですが、ともかく、最初から「整備新幹線」と呼ばれていた訳ではありません。

この間、後述するように在来線にも乗り入れられる「ミニ新幹線」や、新幹線規格の線路に在来線の高速特急を走らせる「スーパー特急」といった方式を含む「暫定整備計画」が一時的にせよ認可され、さまざまな曲折を経ることになりました。それでも、第2陣は長い時間を要しながら、各路線とも着工にこぎ着け、建設促進運動に携わった人々にとって、何とか決着をみた形になりました。東北（盛岡以北）、九州・鹿児島ルートは全線開通しました。

第3陣として、1973年に基本計画が決まったのが、奥羽、羽越、山陰、四国など【図1】に示した11路線です（厳密には、決定したのは12路線ですが、このときに決まった「札幌－旭川間」は、当初の北海道新幹線の基本計画線に吸収され、現在では11路線に整理されています）。この第3陣に、本書で「ポスト整備新幹線」と記述している路線が含まれます。

これらの路線は、基本計画入りが1年遅れただけだったにもかかわらず、

整備計画が決まりませんでした。そして、整備計画決定に至っていたか、至っていなかったかの差が、着工の有無の境界になっています。

　なお、基本計画路線の中には、山形新幹線や秋田新幹線のように、当初の構想とは異なるミニ新幹線規格で開業、運行している路線もあります。

◉ 「需要対応型」と「需要開拓型」

　今となっては、やや古めかしい定義ですが、東海道新幹線は「需要対応型」と呼ばれてきました。在来線でさばききれなくなった鉄道需要に対応するため、人口稠密、かつ線上に並んだ大都市群を、高速かつ高頻度で結んだためです。ビジネス需要が大きく、また、線区の中でも、季節によっても、利用の極端な偏りがありません。山陽新幹線もほぼ同様です。近年、車両の統一によって、高速かつ高密度な、さらに完成度の高い車両運用が可能になったといいます。

　このようにみると、東海道・山陽新幹線の成功と高水準の車両運用の実現は、東京－博多間の地理的な環境が最大の要因といえるかもしれません。
（ただし、東海道・山陽新幹線の区間でも、停車本数などダイヤの事情で、高いとは言えない利便性に悩む自治体も少なくないようですが、本書ではこれ以上、踏み込みません。）

　これに対して、整備新幹線は、建設によって沿線の開発を進めることを目的とし、「需要開拓型」と呼ばれました。そして、構想の出発点はもともと「東京または大阪と全国各地を日帰り圏とする」ことでした。

　しかし、沿線人口は東海道・山陽新幹線に比べて少なく、列車の本数もまばらです。さらに、例えば東北新幹線のように「需要先細り型」の特徴が顕著な路線もあります。東北新幹線沿線は仙台を除くと大都市もないため、全体的にみて、利用者は東京から離れるほど少なくなります。加えて、観光客の比率が高いとされ、特に東北を訪れる国内の観光客が少ない冬場は、利用

が落ち込みます。

　このように、ひと口に「新幹線」沿線といっても、人口や産業の集積状況は千差万別で、東京や大阪との時間距離も、新幹線開業によって短縮される所要時間も、重みが全く異なります。そして、土地ごとの個別性の強さが、新幹線をまとめて論じる際のボトルネックになっている観もあります。

　極論すれば、「新幹線」という名前と、在来線より広い線路の幅（広軌）以外には共通点がないかもしれない──。それが意外に意識されていないことが、新幹線を総合的、俯瞰的に論じる営みを難しくしているように感じます。

◉宿命としての長い懐胎期間

　「整備新幹線」をもじった「政治新幹線」、また、「我田引水」という言葉をもじった「我田引鉄」という言葉がよく用いられたように、新幹線や鉄道は、政治的な駆け引きの対象となり、また、駆け引きの道具ともなってきました。今日では、採算性を度外視した、無規律な鉄道の建設が鉄道行政そのものの危機を招いた、という反省から、新幹線の建設に際し、持続可能な財源や採算性、需要を、慎重に検討するステップが設けられています（それでも財源が不足し、その都度、新たな仕組みが検討、導入されています）。

　また、整備新幹線は、各路線の優先順位を付けつつ、工事期間がある程度、均等になるように予算を配分するなどのルールの元で工事が進んできました。このことも、工期が長期間にわたる一因となりました。加えて、北海道新幹線は、東北新幹線の全線開業後でなければ本格着工が難しく、整備計画決定から部分開業まで41年を要しました。また、路線延長が長い北陸新幹線は、東京－敦賀間579kmの開通まで50年、全線開通まで73年を要し、文字通り「世紀の大事業」となりつつあります。

　このような長い懐胎期間は、開業時の需要、社会状況の予測の難しさに直結します。計画時や着工時には予想もつかなかった技術や変化にどう対応す

るか。加えて、建設の資材や重機、さらに作業員も足りないなど、以前なら「想定が必要になることすら想定できなかった要素」が年を追うごとに増えていきます。

　このような様相を「宿命」という言葉でくくってしまってよいのか、全く別のアプローチや考え方が必要なのか。新幹線について考えるほど、政治や社会、経済の仕組みそのものについて、深く広く考えざるを得ない構造を伴っていることを思い知らされます。

　なお、本章の記述、特に第2節以降を読み進める際は、事業主体である鉄道・運輸機構が実施している「事後評価」や「再評価」作業の報告書をご参照下さい。各路線の概要や特性をまとめ、詳細なデータから多面的に建設の効果を評価しています。また、利用が予測を下回っている例についても、その要因を検討しています（巻末の参考文献リストをご覧下さい）。

　新幹線の歴史については、佐藤信之氏の『新幹線の歴史―政治と経営のダイナミズム』（中公新書、2015）などが詳細に解説していますので、詳しく知りたい方は、ぜひご参照下さい。特に、整備新幹線をめぐるさまざまな経緯は、角一典氏「全国新幹線鉄道網の形成過程」（北海道大学文学研究科紀要、105 、2001、pp.105-134）が参考になります。

（2）長野新幹線

◉整備新幹線開業「第1号」

　長野新幹線は 1997 年 10 月、整備新幹線路線で初めて開業しました。北陸新幹線の一部、正式には高崎－長野間の 117km ですが、列車は東京駅が起点・終点です。振り返ってみれば、長野新幹線は約 17 年間という期間限定の名称でしたが、整備新幹線の開業第 1 号として、軌跡や沿線には着目すべき示唆が多々見つかります。

　整備新幹線は建設の凍結、国鉄の分割民営化を挟んで、1980 年代末に再び構想が動き始めました。その最先頭に位置したのが長野新幹線です。並行在来線の JR からの経営分離と第三セクター化、部分的な廃止（信越本線・横川－軽井沢間）、そして開業準備など、長野開業はあらゆる面で「初めて尽くし」の開業となりました。

　開業前、首都圏から北陸方面に向かうには、上越新幹線から長岡で信越本線に乗り換えるのがメインのルートでした（長野新幹線の開業直前、越後湯沢から北陸に向かう「ほくほく線」ルートが開業しました）。このため、「北陸新幹線」の名称を使うのは不適切という認識から、当初は「長野行新幹線」という表記も用いられました。しかし、やがて、半ば通称扱いだった「長野新幹線」という呼び名が定着し、2015 年 3 月の北陸新幹線金沢開業まで使われます。

　金沢開業の直前、私が長野市内で実施した調査では、「長野新幹線」の名が消えることに、不安を抱く人も少なくありませんでした。終着駅でなくなることで、名称が消えるほかにも、有形無形のデメリットがあるのでは、という懸念も漂っていました。結果的には、これらはほぼ杞憂に終わったと言えそうですが、一方で、地元の働きかけで「北陸新幹線（長野経由）」という（　　）

付きの表記が残ったことは、地味に見えて大きなポイントだと感じられます。他の項目で述べるように、新幹線は「頭の中の地図」と密接に関わっていると私は考えています。そして、「北陸」という名前に、経由地の長野がのみ込まれないよう工夫する視点があったことは、一つの慧眼だと感じます（このことは別項で言及します）。

　長野新幹線が、街や地域に及ぼした変化の分析と総括は、地元の方々のテキストに譲ります。本書では、私が貴重な啓示を受けた、ある経済人の言葉を記しておきます。

　整備新幹線を研究テーマに定めて間もない頃、長野県の経済界で指導的な立場にあった方の1人にヒアリングする機会がありました。この方は、新幹線が長野市に及ぼした効果をいくつか挙げ、この中に、次のような示唆がありました（表現は私のアレンジが入っています）。

　「新幹線は何よりも、市民の意識を変えた。それまで、長野市は東京までの時間距離が最も遠い県庁所在地だった。しかし、79分で東京と直結したことで、東京都下と時間距離が同等になり、例えば土曜の昼食を銀座で採って都内で遊び、その日のうちに帰宅する、という行動が定着した。」

　「その結果、長野市民は"準都民"というべき意識を抱くようになり、その変化が、非自民系の知事誕生につながった。」

　「開業前、私は二つの変化を予想し、ともに的中した。一つは、居酒屋が駅周辺に移ってくる。新幹線の利用者は皆、発車時間ぎりぎりまで飲もうとするため、駅近くの居酒屋が繁盛するようになる。もう一つは、結婚式場も、駅近くに集まってくる。長野市で挙式する人は、東京で相手を見つけた人も多いはず。そして、その相手は、全国各地から東京に出てきた人が多いはず。このため、披露宴に呼ばれる人は、東京、さらには全国から長野に駆けつけ、終わると全国へ戻っていく。移動の便を考えると、駅に近い式場しか生き残れない。」

　ほかにも、多くの言葉をいただきましたが、まさに靄が晴れるような思いがしました。それまで、新幹線の開業といえば、もっぱら観光客がどれだけ増えるか、とか、東京までどれだけ早く行けるようになるか、といった事柄しか、取材・調査対象として意識できずにいました。

　しかし、何よりも肝心なのは、地元に住み、日々を送っている人々の利害、それも経済的な要因にとどまらない「心」「意識」ではないか —— そんな示唆は、以後の研究活動の「原点」になりました。

　長野市には今も定期的に足を運び、地元シンクタンク・長野経済研究所や長野商工会議所の方々と意見交換を重ねています。そして、例えば、北陸新幹線沿線のものづくり企業の研究職に留学生の就職を進めるプロジェクトが始まるなど、他地域にない取り組みが進んでいる様子が分かりました。

　他方、駅前や駅ナカに消費の中心が移りつつある状況も把握できました。商業集積の動向は、郊外型店やネット通販の動きにも大きく左右されるため、表面的な観察による皮相的な解釈は禁物ですが、このような視点からも、開業から最も長い時間を経た長野市の検討と研究は、非常に大きな価値を持つと感じます。

◉長野オリンピックと新幹線

　長野新幹線は1998年の長野オリンピックに合わせて開業し、同時に、ミニ新幹線規格を織り込んだ計画から、全線フル規格に転換されました。このため、新幹線開業への思いが、他の整備新幹線沿線とは多少異なる印象があります。

　他の沿線は、長期間にわたり着工を訴え、また、着工の優先順位や予算確保をめぐって、他の沿線としのぎを削る場面が重なりました。新幹線開業自体が、街にとって大きなメルクマールになりました。

　これに対して、長野市の場合は、イベント的な意味での「主役」は、どこ

までも長野オリンピックのようです。もちろん、新幹線開業とオリンピックは、比較のしようがない出来事・催しではありますが、市民にとっての重さ、インパクトという点では、オリンピックが勝るようです。

　このような長野市の来歴は、ひょっとしたら、新幹線に対するさまざまな対応や、その行動原理に、どこかで大きな特性をもたらしているかもしれない…と考えることがあります。何を、どのように調査し、検証するか、まだ手法までは考えつけずにおり、また、「20 世紀の開業」という特徴が、日本という国のライフサイクルを考える上で、どのような意味を持つのか整理できずにいますが、いつか、何らかの形で、検討してみたいテーマではあります。

（3）東北新幹線（盛岡以北）

◉盛岡、八戸での分断

　東北新幹線・盛岡以北は、私にとっての整備新幹線問題の原点であり、また、つぶさに状況を見守ってきた路線でもあります（それだけに、地元ならではの視野狭窄や思い込みもあるかもしれません。本項の記述では特に、この点にご留意ください）。

　東北新幹線の盛岡以南が 1991 年までに開業（大宮－盛岡間 1982 年、上野－大宮間 1985 年、東京－上野間 1991 年）したのに対し、盛岡以北の全線開通は 2010 年までずれ込みました。しかも、178km という、他路線に比べて短い距離にもかかわらず、八戸、新青森と 2 段階での開業となりました。

　地元の人々にとって、東北新幹線は当初から、幾重かの「ずれ」を内包していました。大元をたどると、「東北新幹線は、東北本線を置き換える、国の幹線、国土軸だ」という感覚が、整備新幹線構想とずれていました。

　日本の鉄道史をひもとくと、明治日本にとって、鉄道の敷設は文明開化そのものであり、また、鉄道は、当時としては唯一の、国を網羅し長距離を結ぶ輸送機関だった様子を確認できます。

　東北本線は東海道本線が全線開通した 2 年後の 1891（明治 24）年に全線開通を迎えています。東京以北を縦貫し、また、青函連絡船を挟んで北海道につながる「日本の骨格路線」であるとして、地元はその重要性を強調してきました。

　しかし、新全総が打ち出した新幹線ネットワークは、東北方面は当初は「仙台まで」でした。青森県知事を務めた北村正哉氏の回想によれば、岩手県知事から「仙台止まりになっている新幹線を盛岡まで延ばしたい。協力してほしい」と連絡があり、運動の結果、盛岡まで延びたとされます（『人生八十年：

前青森県知事北村正哉の軌跡』、2000)。

　ただ、佐藤（2015）、角（2001）など多くの資料が、当時の自民党政権と新幹線ネットワークの緊密な関係を明らかにしています。特に鉄道の敷設に強い権限を持つ自民党の総務会長は、この時期、岩手県選出の国会議員・鈴木善幸氏が務めていました。「新潟を基盤とする田中角栄氏と、岩手を基盤とする鈴木氏が、それぞれ上越新幹線と東北新幹線を自分の地元まで引っ張った」とみる空気が一般的でした。

　JR 東日本の会長を務めた山之内秀一郎氏が著書（『東北・上越新幹線』JTB、2002）で明らかにしているように、東北新幹線は「需要先細り型」の特徴が顕著でした。このため、新全総の段階で仮置きながら「仙台まで」の建設が提唱され、基本計画の段階で「盛岡以南」と「盛岡以北」に分割されました（なお、両者の基本計画は 1972 年時点で一体化されます）。そして、整備計画策定、着工を経て 2010 年の全線開通まで、28 年にわたる分断を経ることになります。

　しかも、盛岡－青森間もスムーズには開業せず、いったん、八戸で暫定開業を迎えました。盛岡以北は着工当時、盛岡－沼宮内間と八戸－青森間にミニ新幹線を導入する暫定整備計画が採用されていました。これらの区間は在来線でも一定の高速走行が可能だったためです。そして、既存の在来線の線路ではどうしても高速走行が困難な沼宮内－八戸のみ、新たにフル規格の線路を敷く方針でした。

　しかし、青森県はミニ新幹線の導入を不本意として、フル規格への"昇格"を求めつづけます。その主張は実現したものの、かなり複雑な過程を経ることになりました。「盛岡以北の全線フル規格化が認められる」⇒「そのため、ミニ新幹線構想があった八戸－青森間は計画が白紙に戻る」⇒「八戸－青森間の工事は、改めて工事実施計画が認可される」というステップを経たのです。結果的に、八戸－新青森間のフル規格化の認可は 1998 年となり、東北新幹

線は 1982 年の盛岡開業、2002 年の八戸開業、2010 年の新青森開業と 3 段
階に分かれての開業となりました。

　八戸市は新幹線開業を通じて、観光を主要産業化することに成功したほか、
情報系など各種の企業立地、さまざまな産品の開発、まちの文化の育成といっ
た成果を収めたように見えます。これまでの調査によれば、東日本大震災の
大被害を克服できた一因は、この過程で培った地元産業界のネットワークだ
と語る人もいます。

　一方、上記のようなプロセス自体が、「東北本線も東北新幹線も一つ」と考
えてきた青森県民、特に青森市民の感情を刺激し続けました。東北本線が明
治期、かなり早い時期に全線開通していた経緯を踏まえて、「盛岡は途中開業
に過ぎず、早期の本来の全線開通を」と、盛岡以北の早期開業を訴え続けま
した。しかし、特に八戸での暫定開業が決まった時点で、青森市内にはある
種の厭戦ムードが漂いました。基本計画決定から 26 年もの間、建設促進運動
を展開し、何度となく「着工へのヤマ場」に直面しては、肩すかしを食う経
験を重ねた結果、どこかで気持ちが切れてしまったような印象がありました。

　なお、青森県がフル規格新幹線を強く求めた結果、青森県内の JR 東北本線
は第三セクターの「青い森鉄道」として経営分離され、その沿線の三沢、野
辺地などの主要駅は、運賃の値上げ、特急列車の廃止といったデメリットを
被りました。このため、これらの沿線は今なお、新幹線開業をポジティブに
考えづらい環境にあります。

　なお、新幹線沿線ではない弘前市が、2010 年の東北新幹線開業で最も大き
な成果を収めたという認識が地元では一般的です。このときも、2011 年 3 月
に発生した東日本大震災の克服という試練が待ち構えてはいたのですが、結
果的に弘前市はそれを乗り越え、観光地として一定の成熟をみたと個人的に
考えています。その模様については、別項（弘前市は「沿線」か）で詳述し
ます。

●駅の立地、まちの空気とまちづくり

新幹線開業から 17 年を経て、八戸市はまちとしてのバージョンアップに成功したように見えます。これに対して、青森市は、新幹線開業をポジティブに捉えるようになるまで、少し長い時間を必要としたように感じています。個人的には、その原因は、前述のように「市民の気持ちが切れてしまった」こと、第二に、新幹線の新青森駅が市中心部から約 4km、西側に位置すること、第三に、新青森開業の 5 年後に北海道新幹線・新青森－新函館北斗間が開業することが、新青森開業に先駆けて決まっていたこと、と考えています。

では、いつ、青森市の空気が変わったのか。記憶では、2008 年か 2009 年ごろだった印象があります。他の項目でも記しますが、青森市内には「（経済的効果を）函館に全部持って行かれる」という悲観論が漂っていました。しかし、函館側が青森県側と手を携えて開業準備を進めた結果、「北海道新幹線開業は、青森県や青森市にとっても有意義である」という感触が広まり、空気感が徐々に変わっていったように感じています。

函館市の経済界や行政が中心になって組織した「北海道新幹線新函館開業対策推進機構」は、青森県内各地から、観光や地域づくりを通して新幹線開業に携わった人々を招き、熱心に勉強会などを開催しました。その営みは、少なくとも二つの効果を青森県内にもたらしたように見えました。

まず、青森県内のネットワークが強化されたことです。もともと、県内で連携し、活動していた人々が、北海道新幹線開業に向けて、あらためて連絡を取り合い、函館を核として再結集した趣がありました。このネットワークが、津軽海峡を挟んだ「青函圏」もしくは「津軽海峡交流圏」を枠組みとした活動に際し、青森県側の母体の一つになっています。

もう一つは、青森県側の人々が県外に向けて、自らの営みを振り返り、分析する作業を通じて、青森県側の人々が「棚卸し」をする機会になったよう

に見えることです。例年、多くの新たな取り組みに携わる人々だけに、組織だった形で、また、誰かにバトンを渡す形で、自分の営みを省察する機会は、意外に多くはなかったように見えました。この「棚卸し」は、後述する「津軽海峡マグロ女子会」の誕生などにつながっていったように感じられます。

　加えて、新青森開業に比べると、新函館北斗開業は列車の本数や時間短縮効果が限定的で、必ずしも「全部持って行かれる」状況にはなく、青森市民が信じ続けてきた「終着駅効果」が激しく薄れる訳ではないかもしれない、といったある種の安堵感が、空気感を変えていったように記憶しています。

　上記のことはすべて、個人的な記憶や印象、感想という形で記述せざるを得ない「仮説」です。「まちの空気」「その時代の感覚」は、確かに存在しているものの、厳密に調査したり、検証したりすることは容易ではありません。

　それでも、同時に「仮説」の形で記すなら、「新幹線のある地域」のビジョンを具体的に描いたり、それに基づいて各種の新幹線開業準備を進めたりする大前提は、地域全体で、ある種の「相場観」が存在することのように感じます。

　つまり、新幹線への期待値が高ければ、ビジョンがポジティブに、かつ明快に描かれ、準備も順調に進む。逆に、期待値が低ければ、その逆の展開になり得る、という構造があるように考えます。もちろん、「期待値」はあくまでも期待値で、ある種の勘違いや思い込みも存在し得ます。鶏と卵の関係のようでもあります。

　他地域での開業をめぐっても、特に地元の新聞記者とは何度となく、この種の「市民マインド」の存在と取り扱いについて議論する場面がありました。

　この種の「空気感」「マインド」といった要素について、どのようなアプローチが妥当で、どのような調査が適切なのか、研究仲間と検討し、模索しています。

（4）九州新幹線・鹿児島ルート

◉「南から造った」新幹線

　九州新幹線・鹿児島ルート（本項では九州新幹線と略記します）は、2004年に南半分の新八代－鹿児島中央間127kmが開業した後、2011年に博多－新八代間130kmが開業しました。九州の「ミスター新幹線」と呼ばれ、総務庁長官や自民党総務会長を歴任した小里貞利氏が、著作で経緯を詳しく紹介しています（『熱き闘いの日々―整備新幹線に賭けた男のロマン』、東京貞山会出版会、1993；『新世紀へ夢を運ぶ整備新幹線』、文藝春秋企画出版部、2007）。これだけ詳細な当事者による記録は、あまり例がありません。詳しくはこれらの著作に譲り、本項ではコンパクトに、私の感想や印象を記します。

　整備新幹線はもともと、路線ごとにすべて特徴が異なり、安易に路線同士を比較すること自体が困難です。それでも、このルートの特徴を挙げると、日本の人口のおよそ3分の1が集中する首都圏と直結していないこと、沿線に政令指定都市が複数あること、九州という完結した地方を営業範囲とするJR九州が、JR西日本と共同で、山陽新幹線と一体化した運用をしていること、などでしょうか。

　首都圏との直結は、大きな需要を約束する一方で、例えば東北新幹線がかなり極端な「需要先細り型」になっているように、起点・終点の非対称性が大きくなる可能性をもたらします（このことも影響してか、東北新幹線「はやぶさ」の主要停車駅は、東京－大宮－仙台－盛岡－八戸－新青森と限られ、特に大宮－仙台間の約300kmはノンストップです）。

　しかし、山陽・九州新幹線沿線の主要停車駅は、新大阪から西に新神戸－姫路（一部）－岡山－広島－小倉－博多－新鳥栖駅－久留米－熊本駅－川内－鹿児島中央と、政令市や中核市が並び、東北新幹線ほど極端に需要の小さ

い区間は存在しない可能性があります。

　また、独自の鉄道文化を開拓したと評価の高いJR九州が、2004年の九州新幹線部分開業と同時に投入した800系車両は、個性的かつ快適だと定評があります。加えて、JR西日本と共同開発した車両は、普通席（指定席）が4列シートであるなど快適性も高く、このような車両の開発と投入も、九州新幹線ならではの環境の産物でしょうか。

　今さらながら言及すれば、九州新幹線の特徴は「南から造った」ことです。小里氏の著書でもいくつかの理由が挙げられていますが、まず、最もスピードを出しづらい区間を優先的に改良することで、それだけ時間短縮効果が大きくなります。併せて、途中駅から終点までを先に造ることで、建設途中で工事が中断される事態を防ごう、という戦略だったようです。

　この判断に対しては、時には「需要の少ないところから造るのは非効率的」という批判も散見されました。しかし、部分開業の時点で鹿児島県には多くの観光客が入り込み、また、西鹿児島駅から改称した鹿児島中央駅の開発も進んで、部分開業は一定の成果を収めた、という評価が一般的なようです。

　ただ、先に開業を迎えた長野市が経験したように、また、後に多くの新幹線沿線都市が経験するように、新幹線駅の周辺と中心市街地の競争が発生し、新幹線駅前が優位に立っていきます。このプロセスは、有村友秀氏が論文「鹿児島市中心部における都心機能の分布とその変容－九州新幹線開業による駅周辺開発に着目して－」（地理空間、12-1、2019、pp.21-36）で検証しており、緻密なデータ分析に基づいて、鹿児島市内に起きた変化を考察しています。ぜひ、ご覧下さい。

　九州新幹線が個別のまちにもたらした変化については、私はいくつかの街を断片的に調査した程度で、沿線全体を精査し切れていません。このため、現地の方々のテキストに譲ります。私が自分で見聞きした範囲の見聞は、東洋経済オンラインの連載「新幹線は街をどう変えたのか」で、福岡と久留米、

熊本、薩摩川内、鹿児島の事例について言及していますが、ここでは、ポイントのみ記します。

　鹿児島市は、鉄道の復権ともいうべき新幹線利用の普及により、中心市街地と駅周辺の競合という課題を抱えながらも、観光面でもまちづくりの面でも、大きな変容を遂げました。ベッドタウンの薩摩川内市も、ほとんどの新幹線が止まる利点を生かし、時期にもよりますが、住民の社会増を実現して、駅周辺には新たにマンションが建ち並びました。

　熊本市は、開業までは「人が通り過ぎる」という不安が濃く漂っていましたが、開業対策の一環として登場した「くまモン」によって空気が変わりました。開業後は「新幹線によるまちづくり」はあまり地域政策・課題として意識されていない様子で、2018年時点の調査によれば、市内の関心事は桜町地区の大規模開発に移っているように見えました。ただ、今後、駅前の大規模な再開発が待っており、さらなる変容は必至です。一方、八代市は、駅が郊外に立地した影響もあり、市中心部、駅一帯とも、他都市に比べれば目立った変化はみられないようです。

　福岡市は、じつは九州新幹線の恩恵を最も受けた都市という指摘があります。オフィス街だった博多地区が、駅前の大規模な再開発によって商業機能が充実し、加えて、九州新幹線により従来以上の買い物客やイベント客を効率的に集められるようになったことで、それまでの商業の中心だった天神との二核構造に近くなっているとの指摘があります。福岡県内では、このほか、久留米市の調査結果が印象的です。福岡市と鹿児島市の間で埋没しないよう、「まちゼミ」などの施策を進め、福岡市から回遊してくる旅行者をうまく捉えて、商店街の「シャッター率」（空き店舗率）を10ポイント改善した、という実績を挙げています。

●部分開業と全線開業の差異

　2018年8月、「全線開通7年目」の九州新幹線沿線を調査する機会がありました。福岡、久留米、熊本、八代、薩摩川内、鹿児島と主要都市でヒアリングを行う程度の調査ではありましたが、2004年から断続的に続けてきた調査の結果と付き合わせて、おぼろげながら、九州に起きた変化をイメージできました。

　まず強く感じさせられたのは、「部分開業と全線開業の差異」でした。部分開業は全区間のおよそ半分、しかも南側の新八代−鹿児島中央間127kmの開業だったこともあり、「九州島内の移動が迅速になった」という印象が勝っていました。しかし、全線開業によって、大阪や西日本全域と鹿児島が「地続き」になったという印象に変わりました。

　ひと言で言えば、私にとっての「頭の中の地図」で、「本州の向こうに九州があり、その九州の南端に鹿児島がある」という、いわば2段階の縮尺で捉えていた状態から、「大阪を起点とする西南日本の端に九州がある」という状態に変わったのです。

　現地のヒアリングでも、「九州新幹線が大阪以西の各都市から万遍なくお客を集め、熊本と鹿児島に送り込んでいる」、「山陽地方から予想以上の入り込みがあった」「九州が狭くなり、会議や意思疎通がスピーディーになった」といった証言が得られました。

　このことから、全線開業後の九州新幹線については、次のような三つの役割を果たしているという印象を受けました。

①九州島内の相互アクセス

②九州島内と西日本エリアの面的な相互アクセス

③関西と南九州の「地域対地域」の相互アクセス

　このうち、①は部分開業時もそれなりに顕在化していたでしょうが、②と

③については、全線開業で山陽新幹線との一体化運用が始まったからこその役割です。

　東北新幹線・盛岡以北と九州新幹線を対比させると、いろいろな示唆が得られそうです。

　まず、九州新幹線は停車本数が少ない駅でも、1時間に1往復以上は列車が走っています。これに対し、盛岡以北には1日の停車本数が10往復に満たない駅があるなど、全体として九州新幹線より本数が少なくなっています。

　加えて、盛岡以北には基本的に、速達タイプの「はやぶさ」タイプしか走行していません。また、「はやぶさ」は前述の通り、大宮－仙台間がノンストップのため、南東北や北関東と北東北のアクセスは、それほど良好な状態ではありません。結果的に、盛岡－新青森間の相互アクセス、そして、このエリアと仙台・首都圏の相互アクセスを重視している形です。つまり、上記の九州新幹線でいえば、①の機能をある程度果たしつつ、主に③の「地域対地域」の機能について、「盛岡以北－仙台－首都圏」の相互アクセスをカバーしている格好と考えられます。

　もちろん、これは必ずしもダイヤの善し悪しの話ではなく、沿線の人口や都市の配列がダイヤに大きく影響しています。

　なお、あまり意識されていませんが、本州に比べると九州の面積は小さく、青森、秋田、岩手の3県を足した程度しかありません。博多－鹿児島中央間の差し渡しも、ごく大雑把にみて、仙台－新青森間よりも一回り小さく、一関－新青森間と同等です。しかし、人口は1300万人余りと、東北の約870万人の1.5倍です。加えて、県庁所在地は軒並み40万人以上で、政令市は福岡、北九州、熊本と3市あります。

　これに対し、東北地方は100万人以上の都市が仙台だけ、30万人台の都市も3市しかありません。大宮から北の東北新幹線沿線は、政令指定都市が仙台市しかなく、また、首都圏の需要の大きさを考慮しても、「はやぶさ」の

ダイヤは、「対東京重視」「対仙台重視」にならざるを得ないと言えます。

　ここでも「鶏が先か、卵が先か」という議論が発生しますが、見方によっては、「はやぶさ」のダイヤは「東北全体の相互アクセス向上を必ずしも重視せず、阻害している」、あるいは逆に、そのダイヤは「東北全体の相互アクセスが必ずしも活発でなく、ニーズも大きくない現状を反映している」と言えそうです。

（5）北陸新幹線

◉整備新幹線「本来の姿」？

　北陸新幹線は、広義には高崎－新大阪間の路線を指します。しかし、2015年の金沢開業、つまり長野以遠の開業を、それ以前の「長野新幹線」時代と区分する意味で、「北陸新幹線」開業と称することが一般的なようです。本書でも、そのような意味合いで「北陸新幹線」の語を用います。

　金沢開業は、空路から鉄路への大きなシフト、金沢市や北陸地域への入り込み増など、大きな変化をもたらしました。開業年の利用者は在来線当時の3倍に達し、その後も3倍弱の水準を維持して、他の路線を大きく上回ります。沿線同士、北陸と長野エリアの流動も拡大したとされます。

　東北新幹線や九州新幹線の開業は、鉄道利用者や観光客の増加、都市機能の発達など、沿線すべてにわたってではないにせよ、一定の成果を収めたと言えそうです。一方、長野－金沢間の開業は、様相を異にしていました。製造業の本社機能や製造拠点の立地、企業の出先機関の開設など、かつて整備新幹線に期待された「経済効果」が現れた事例です。

　全体的にみて、北陸新幹線・金沢開業は、整備新幹線が地域をポジティブに変化させる「必要条件」として今なお有効であること、言い換えれば、「新幹線開業を契機として、ポジティブで大規模な社会的、経済的変化が今なお起き得る」という事実を明らかにしたと言えそうです。別の見方をすれば、「新幹線は時代遅れの構想」という主張を、部分的にせよ覆した事例と言えます。

　ただ、このような社会的、経済的な大変化が起きるには、やはり「十分条件」も存在することも示した格好にも見えます。北陸の場合、首都圏と中京圏、関西圏の三大都市圏に比較的近いこと、中でも首都圏から金沢の時間距離が2時間半、富山は2時間と比較的近いこと、さらには、もともと工業集積が

厚く、「小規模でも世界と戦える企業が多い」（北陸経済研究所・藤沢和弘氏）といった条件が、「さらなる変化」を呼び込んだと言えそうです。やはり「無から有を生み出す」ことは難しく、さまざまな分野におけるシーズとニーズがあってこその、整備新幹線の開業効果かと感じさせられます（言い方を換えれば、いくつかの他路線のシーズやニーズは、観光面に偏らざるを得ない状況にあるとも言えそうです）。

　金沢の都市の規模や機能、日本列島の中での位置を考えると、ある意味、「遅すぎた開業」だったと言えるかもしれません。直線距離では近い割に、北アルプスなどに阻まれて、線路は大きく迂回せざるを得ず、北陸新幹線は整備新幹線の中でも長い工期を必要としていたためです。

　長い待ち時間の間にも、金沢は特に高い期待感を維持し、入念な開業準備を整えました。シンボルとなっている駅前の鼓門の完成が 2005 年ですから、ちょうど開業の 10 年前に当たります。反面、沿線の各都市をみると、開業への期待感や、開業後の地元の空気感には、かなりの差があります。

　長野市内では開業前、終着駅から通過駅になることを懸念する人々もいました。しかし、すべての列車が停車したこともあり、不安は、とりあえずは去った様子です。ちょうど、開業が 6 年に 1 度の善光寺「御開帳」に当たって多くの観光客が訪れ、その相当部分が北陸地方からの来訪者だったことが分かるなど、長野エリアと北陸に新たな流動が生まれた様子が明らかになりました。長野市内では、それまでもっぱら首都圏のコンサートへ出掛けていた人が、同じアーティストの金沢のステージに出向くようになるといった、「近くて遠かった北陸・長野」の距離が一気に縮まった様子がうかがえるエピソードも耳にしました。

　長野市の北にある人口 2 万人の飯山市は、市民 100 人が参加する組織をつくり、10 年がかりで駅一帯や駅舎の整備構想を練り上げました。駅前に商業施設やホテルが新規に立地した訳ではありませんが、駅舎は非常に高いホス

ピタリティを感じさせます。

　上越妙高駅を擁する新潟県上越市は、市街地の機能の分散化や、交通の結節点機能のシフトに直面しています。上越妙高駅は鉄道の要衝・直江津から10km、市役所のある春日山から7km、旧城下町・高田から4km離れ、乗換駅として大きな役割を果たしつつ、それをまちづくりにどうつなげていくか、模索が続いています。注目すべきは、駅前に誕生したコンテナ商店街「フルサット」です。

　大きく見ると、新潟県は、北陸新幹線沿線の上越地方と、上越新幹線沿線の中越・下越地方とに異なる道を歩み始めているようにも見えます。これは、二つの新幹線の存在だけでなく、特急が廃止になったことなどにより、中越・下越と上越の往来が非常に不便になった影響もあります。特に、県の西端の糸魚川市は、利便性の低下に悩んでいるようです。新潟県はかつて、北陸新幹線開業がもたらすネガティブな影響を「2014年問題」としてまとめ、対策を研究していました。部分的ながら、その問題が現実化しつつあるように見える中、県や地元がどのような対策を講じていくのかが焦点です。

　沿線での見聞を断片的に記述すると、まず、富山県東部では、北陸本線の特急停車駅だった魚津駅から、北陸新幹線駅・黒部宇奈月温泉駅へと、長距離列車の乗換駅がシフトしました。それでも、中心都市・魚津市は、特急列車を失ったものの、新幹線アクセス道の整備によって郊外型店が集積し、市域としては商業機能が落ち込んだ訳ではないようです。一方、黒部市は、YKKの本社機能が一部移転し、新しいコンセプトの省エネルギー住宅が建設されるなど、日本の産業界におけるまちの位置づけが変わった一面があります。

　富山市は、開業から間もなくは、やや微妙な空気が漂っていました。開業前からお祭りムードを発散していた金沢市を意識しつつ、そのまぶしさにのみ込まれるのでは…という警戒感も感じられました。開業に合わせて駅前を改造、在来線・新幹線を併せた高架化や路面電車の南北一体化といった大事

業を進めていたため、開業後もずっと工事が進んでいる影響もあるかもしれません。しかし、執筆時点では詳細には確認できていませんが、開業5周年を控えて、まちの空気がポジティブに変わってきたような印象を受けます。

　一方、富山県西部の中心都市・高岡は、新幹線駅・新高岡が郊外に立地する一方、停車本数が金沢や富山と同じだった特急列車が全廃され、まちのアイデンティティの曲がり角を迎えています。速達型列車「かがやき」の停車が臨時便のみだったことから、一時は定期便の停車運動を進めました。しかし、やがてJRは逆に臨時便の減便に踏み切り、市は周辺地域との連携による観光客の増加などに活路を求めつつあります。

　北陸新幹線開業は、新幹線の持つさまざまな影響力について再考させられた事例でもありました。開業に先駆けて、新幹線利用とは直接、関係がないように見えるアウトレットモールや大型郊外型店が進出し、話題を呼ぶとともに、「ある種のマインドの牽引役」という新幹線の役割を感じさせました。同時に、これらの企業、そして新幹線開業に合わせて開店した店舗などが賃金相場を大きく引き上げ、特に地元企業との間で働き手の争奪が激化した一面もありました。これらは、人口減少・偏在下で進む働き手の慢性的不足、そして賃金水準に悩む地元企業への淘汰圧が働く状況を浮き彫りにしました。

　例えば、地元企業が800円台後半の時給でアルバイトを確保しようとしても、域外から進出してきた企業が1000〜1200円といった金額を提示するので、全く人が集まらない、という嘆きを聞いたことがあります。淘汰の圧力が、体力の弱い企業、あるいは地元企業を直撃していた形です。

　さらに、高校生の大学進学先をめぐり、首都圏よりは関西志向が強かったとされる北陸地方で、じわじわと首都圏シフトが進んでいるとの情報もあります。他方、糸魚川市では県境を越えた石川県や富山県への新幹線通学が増えています。高校生の進学先は18歳人口の動向、中長期的には定住人口に直結します。今は見えづらくても、数十年後に振り返れば「地滑り的」といえ

る変動が、新幹線開業を契機に起きている可能性を否定できません。

　なお、北陸経済研究所の藤沢和弘氏は、東京、名古屋、大阪の三大都市圏を核とする「スーパー・メガリージョン」において、北陸新幹線と東海道新幹線、そして後述するリニア中央新幹線が「山手線と中央線の役割を果たす」と予見しています。

◉「金沢独り勝ち」の意味

　北陸新幹線開業時、その影響を見通しきれない沿線の中で、金沢市は、開業前から華やいだムードが漂っていました。開業当日の盛況を報じた翌朝の地元紙1面トップには、「金沢独り勝ち」の見出しが踊っていました。その後も、市内や沿線、そして他の地方でも、「北陸は金沢が独り勝ち」「新幹線路線の中で金沢は独り勝ち」といった言葉が何度となく聞かれました。

　ただ、個人的には、金沢は「誰と戦い、何に勝った」のか、ずっと気になっています。なぜなら、地元は観光客でにぎわいながらも、それほど浮かれている様子でもないからです。まちづくりに携わる方々は、活況を喜びつつ、その弊害にも向き合っています。

　開業直後から報じられたのは、例えば、市民の台所の役割を果たしてきた近江町市場の異変でした。観光客が「地元の素顔」を見ようと押し寄せた結果、地元客の足が遠のき、観光客の買い物対象となる商品を扱っていない店、例えば青果店には、店じまいするところが出てきた、といいます。宿泊施設が不足、宿泊費も高騰し、市内に泊まりきれなかった宿泊者が、近隣の高岡市や富山市にも流れました。

　生活空間をかき乱され、また、さまざまなコストが上昇したことの弊害は、地元紙が報じ、地元紙系のシンクタンクが実施した県民アンケートでも明らかにされました。オーバーツーリズム（観光公害）が発生した格好です。地元は2019年4月、ついに「宿泊税」の徴収に踏み切りました。

ホテル業界や飲食店の活況のうわべだけみれば、金沢が新幹線沿線で「開業の果実」を独り占めしたようにも見え、それが「独り勝ち」という言葉を生んだ一面があります。しかし、観光業の隆盛が市民生活にどれだけの恩恵を及ぼしているか。「どれだけ観光客が増えても、市民の8割には関係なく、関心も薄いのでは？」と指摘する人もいます。

2019年11月時点で、金沢ではホテルの建設ラッシュが続いており、供給過剰を懸念する報道もなされています。仮に宿泊者を確保できても、スタッフを確保できるのか。やや不透明な未来が広がっています。

ただ、金沢市で特徴的なのは、他の整備新幹線沿線では決して多くない、地元の行政機関や経済団体による検証が多数なされていることです。各組織が都市・県域単位で多様な視点から分析し、報告書をまとめています。これらの検証をうまく活用できれば、開業の成果は、同市一円ではもっと延びる可能性もあります。

他方、沿線を見渡すと、「金沢独り勝ち」でくくられる世界観とは対照的な活動も始まっています。越後湯沢（新潟県）、飯山、上越の3地域を拠点に、2015年から「信越県境地域づくり交流会（はしっコア）」がスタートしました。異業種交流会と勉強会を兼ね、年に2回（後に3回）、会合を開き、歴史や文化、地域資源について学びながらビジネス創出について考える「基礎体力づくり」の企画です。新幹線開業によって生まれた、しかし、新幹線が主役ではない地域間交流は、20世紀型の観光や活用とは趣を異にする、時宜を得た活動と、私は考えています。

2019年11月には、地域研究グループ「はしっコラボ」が発足し、多彩な研究活動をスタートさせました。

◉金沢－敦賀間の延伸

北陸新幹線は、開業の第3弾として2023年春、敦賀（福井県）に延伸さ

れます。本項の執筆時点で、各地で線路や駅舎の建設が最盛期を迎えています。北陸3県すべてにようやく、新幹線が乗り入れることになり、福井県内は高揚感と、その裏腹の警戒感が漂っているように見えます。

　祝賀ムード一色になれない理由の一つは、他項でも述べますが、大阪と北陸を結ぶ特急「サンダーバード」、名古屋と北陸を結ぶ特急「しらさぎ」が敦賀止まりとなることです。これらの特急は本数が多く、こまめにかつ素早く、北陸本線の沿線各地と大阪、名古屋を結んでいました。それがすべて、敦賀乗り換えになることへの抵抗感が、非常に大きいようです。同様の問題は金沢開業時に富山市も経験しており、今なお、これらの特急がなくなったことへの不満は存在しています。

　現在、3時間半程度の東京－福井間が、3時間弱まで短縮されるとはいえ、特急料金も高くなると予想されます。

　詳しくはダイヤや料金がどう設定されるか、その公表を待つ必要があり、まだ、メリットやデメリット、ベネフィットのありかが見通しにくい段階です。

　なお、北陸新幹線の全線開通は2046年が見込まれていますが、地元は北海道新幹線の全線開通と同じ2030年度の全線開通を目指し、運動を続けています。

（6）北海道新幹線

◉「東北の拡大」と青函圏／津軽海峡交流圏

　北海道新幹線は 2016 年 3 月に部分開業を迎えました。整備計画決定から実に 43 年目の開業となりました。他の項目で詳述する通り、起点の東京からの距離が遠いこと、貨物列車と線路を共用するため青函トンネル部分での速度が 160km（当初は 140km）に制限されていること、青函トンネルの維持費などが上乗せされて特急料金が割高なことなどから、航空機との競合が厳しく、他の路線に比べると利用の伸びは限定的です

　それでも、新幹線ネットワークが本州から北海道へ延びたことは、歴史的に大きな意義を持ちます。

　山陽・九州新幹線と似た形で、北海道新幹線と東北新幹線は一体化した運用がなされています。ただ、開業に合わせて JR 北海道が投入した新型車両は、東北新幹線の主力車両・E5 系とほぼ同じ仕様の H5 系 4 編成にとどまりました。開業区間が 149km と短く、沿線の主要都市の青森市と函館市がいずれも人口 30 万人を切っている環境もあり、全体的にみて、ほぼ「東北新幹線の延長・拡張」というべき状況にあります。終点の新函館北斗駅からは、札幌駅まで 3 時間半弱、仙台駅まで 2 時間半と、特急料金は大きく異なるものの、道南地区から最も時間距離が近い政令指定都市は、仙台市になりました。

　JR 東日本の 2017 年度データによれば、函館エリアと首都圏の往来に占める新幹線と航空機のシェアは「21：79」で航空機が圧勝しています。新函館北斗駅から近隣最大の都市・函館まで、乗り換え時間を含むと 30 分ほどかかる事情もあり、両者の利用が逆転する境とされる「4 時間の壁」は、道南では厚いようです。

　割高になった新幹線を忌避し、青函を結ぶフェリーに切り替える人も多数、

現れました。1988年に青函連絡船が姿を消して以来、フェリーを選ぶのは、船旅を好む人か、自動車ごと移動する必要のある人々…という印象が定着していました。しかし、いわば昭和の移動手段に戻らざるを得ない人々が現れた格好です。ただ、フェリー各社も、快適性の高い新造船を投入し、積極的に船旅の良さをアピールしたり、多彩な割引運賃を用意するなど、攻めの経営を展開した経緯も見逃せません。

大きく見ると、国内有数の観光都市であり、外国人観光客も多い函館市を起点・終点に、さまざまなスケールで旅行客の流動が発生していることは間違いありません。北海道新幹線の列車によっては、車両のほとんどを外国人観光客が占めている光景も見られます。青森県は2017年、外国人観光客の宿泊数の伸びが全国一を記録しましたが、その背景として、函館から北海道新幹線を利用して回遊してきた人々の存在が大きい、という認識が一般的です。

ただ、新幹線を「観光列車」や大都市間の移動手段にとどめるのではなく、新たな地域経済圏の確立につなげたい、と青森県は構想し続けてきました。仙台－札幌間に、津軽海峡を挟んだ独立した圏域として「津軽海峡交流圏」を構築し、人口減少に歯止めをかけて、持続可能な地域づくりを目指す ── 青函連絡船時代から、津軽海峡線で両岸が結ばれた時代にかけて定着していた「青函圏」を、さらに拡張するイメージです。

青森県は「圏域内の交流の活発化や圏域外からの交流人口の拡大、滞在時間の質的・量的拡大が重要」と考え、2013年、それを実現する「ラムダプロジェクト」を始動させました。核となる組織として「青森県津軽海峡交流圏ラムダ作戦会議」を設立し、2017年には北海道側のメンバーも加えて、「津軽海峡交流圏ラムダ作戦会議」に移行しました。

さまざまな構想が検討され、実現に至る中で、話題を呼んできたのが「津軽海峡マグロ女子会」の活動です。青森県、道南の約70人が参加し、互いに交流を深める傍ら、着地型観光の開拓を進めています。

　これまで、青森県側は仙台や東京のある南を、函館は札幌のある北を見続け、海峡を挟んだパートナーながら、それぞれ別の圏域で暮らしている状態でした。その両岸が、どこまで一体化できるか。JR グループと青森県、道南エリアが 2016 年に実施した大規模観光キャンペーン「青森県・函館デスティネーションキャンペーン」は、新たな枠組みづくりの兆しではあります。また、大阪に本社を置く一部上場企業が、道南地区の管轄を北海道支社から青森支店に切り替えたり、函館の医療法人が新青森駅前に総合病院を建設したり、と、さまざまな変化も進んでいます。これらが積み重なって、中長期的にどんな影響を地域に及ぼすのかが大きな焦点です。

◉北海道の行方と新幹線

　北海道新幹線の利用状況や収支を突き詰めると、構造的な経営上の問題を抱える JR 北海道が今後、どのような形で存続できるか、それ以前に、全道的な人口の減少と札幌圏への集中が続く中で、北海道を今後、誰がどのように維持していくのか、という問題に行き当たります。

　当面の次のゴールは、2031 年春の札幌開業です。札幌駅周辺を改造するには、もう準備のタイムリミットが訪れつつあり、さまざまな構想が動き始めています。新幹線自体も、新造車両の投入や騒音対策を実施し、時速 360km 運転という国内最高レベルの高速化を視野に、検討が進んでいます。

　ただ、青函トンネルにおける貨物列車との線路の共用問題、これに関連する北海道の農業の行方や、日本全体の物流、さらには JR 貨物から並行在来線各社に対する線路使用料の支払いスキーム、そして JR 北海道の経営問題など、解決・対処すべき課題が非常に多く、解決までに曲折が予想されます。。

　一方で、現在の終着地点である道南地域の行方も焦点です。もともと、新幹線乗り入れを確約され、現函館駅とその周辺を整備した函館市や、新函館北斗駅前に広大な未利用地を抱えた北斗市のまちづくりはどうなるのか。函

館市は、多くの観光客でにぎわう半面、需要を超えたホテル建設ラッシュが進んでいるとの見方もあります。

　ところで、北海道新幹線開業をめぐっては、最先端といえる展開も起きています。北海道新幹線新函館開業対策推進機構の事務局長を務めた永澤大樹氏が継続的かつ詳細に地域経済への効果を分析し、「函館方式」と言うべき手法を開発しました。永澤氏は検証の結果、函館市内に1300人以上の雇用が生まれてもおかしくない300億円以上の経済効果があったにもかかわらず、それが人口減少の歯止めになっていないことなどを明らかにしました。さらに、地元に落ちたお金だけでなく、地元の地域経済循環率に着目する重要性をあらためて指摘しています。

　このような経緯から、従来の新幹線の「経済効果」検討は、まだまだ解像度が粗いと言わざるを得ないこと、また、地元の事情に精通した人々が、その検討を担わなければならないことなどが浮き彫りになりました。同時に、構造的な人口減少が進んだ地域・時代においては、人口問題と新幹線の経済効果をある程度切り離して論じざるを得ない必要性が浮かび上がってきました。

　このほかにも、津軽海峡線の開通の際、それをまちづくりに生かし切れなかった木古内町が、新幹線木古内駅の開業に合わせて、駅前に「道の駅」を整備し、魅力度ランキングで全道2連覇を成し遂げた、という快挙など、多くの出来事があり、いくつもの物語が生まれています。

　九州新幹線・鹿児島ルートの部分開業時と同様、新函館北斗開業はあくまでも「途中開業」であり、北海道新幹線の真価が現れるのは、2031年春の札幌開業時です。九州新幹線の部分開業・全線開業をみていると、また、長野新幹線時代と北陸新幹線・金沢開業をみていると、まだ北海道新幹線の価値を判断すべき時期ではないと言えます（過去の事例では、開業1日や3日で「評価」を試みる例があるなど、話題づくりとはいえ、メディアのリテラシー

も課題となっています)。

　とはいえ、11年もの間、状況を座視している訳にはいきません。この時間を何にどう使うか。開業を待つ沿線にとどまらず、開業済みの地域の取り組みもまた、深く大きく問われることになります。なお、トンネル工事現場から排出される残土についても、重金属を含む「要対策土」の処分地が不足する可能性があるといい、行方が注目されます。

（7）九州新幹線・西九州（長崎）ルート

◉整備の最終形をめぐる混迷

　私は、整備新幹線の沿線は努めて現地を訪れることにしていますが、時間と財源に限りがあり、九州は2〜3年に1度ぐらいしか訪れることができません。特に長崎県は、もう30年近く、様子を確認できずにおり、沿線の状況も把握できていません。情報はもっぱら、ネットで報じられる地元メディアの記事、そして研究者仲間の見解、感想などに頼っています。

　整備新幹線各路線の中でも、九州新幹線・西九州（長崎）ルートはやや趣が異なっています。政令指定都市や大都市圏、主要地方都市を大きく結ぶ形ではなく、九州新幹線・鹿児島ルートから分岐して、佐賀県鳥栖市から長崎市までを結ぶコースです。東北新幹線の完成後でなければ北海道新幹線が走れないのと同様、鹿児島ルートに続く路線にならざるを得なかった事情もあってか、他の路線と着工順位を争う状況はほとんどありませんでした。

　路線の短さのため、独立した新幹線としての時間短縮効果が表れにくく、特に沿線の佐賀県は現行の特急と大きな差が出ません。加えて、並行在来線の経営分離問題を理由に、佐賀県の市町は着工に難色を示し続け、曲折の末、在来線と新幹線を行き来できる「フリーゲージトレイン」の完成を見越して着工が決まりました。長崎県側の武雄温泉—長崎間66kmをフル規格で着工、途中の鳥栖—武雄温泉間53kmは在来線の線路を使用する構想でした。

　しかし、そのフリーゲージトレインは開発が事実上、断念され、運行の前提が崩れました。2022年度の開業は、武雄温泉で在来線特急とフル規格新幹線を乗り換える暫定方式となります。そして2019年11月現在、最終的な完成形を全線フル規格とするか、ミニ新幹線方式とするか、他の方法とするか、地元の検討作業が続いています。

　全線フル規格を目指す長崎県とJR九州に、佐賀県内でも賛同する自治体や団体があると報じられています。しかし、佐賀県側は、巨額の建設費負担や並行在来線問題を理由に、強く難色を示し続けています。

　整備新幹線の歴史の中で、沿線県同士の利害がここまで食い違った例はほとんど記憶にありません。

　新聞などの記事を見る限り、長崎県側と佐賀県側の間には、「世界観の違い」と言えそうな差異も感じられます。長崎県は、大阪など西日本各地からの旅行者、特に観光客の呼び込みを期待していると伝えられ、いわば「西日本スケール」の話が前面に出ているように見えます。これに対し、佐賀県側は反対する理由の一つとして、「博多からの時間距離がほとんど変わらないこと」が関係者のコメントに多く見受けられる印象があります。福岡県のベッドタウン的な色彩が強い佐賀県と、独立した圏域を構成している長崎県との差が反映しているのかもしれません。

　本書が世に出るころ、この問題が何らかの決着がついているのかどうか、執筆時点では見通しがつきません。かつて「政治新幹線」と呼ばれた整備新幹線の歴史に言及し、強引な「政治力」による解決を懸念する報道もあります。この問題は、「整備新幹線構想の賛否」にとどまらず、「複数の地域間の利害が一致しない巨大プロジェクトに対して、誰がどう対応するのか」をめぐり、法的手順や住民の意向の反映方法、合意形成の手順、といった、いわば民主主義を支えるさまざまな基本理念や手続きの在り方が問われているように感じられます。

（8）ポスト整備新幹線路線・リニア中央新幹線

◉未着工区間のフラストレーション

　基本計画が決定している新幹線 11 路線の中で、いくつか、着工に向けて運動が活発化している路線・地域があります。私が知っている範囲では奥羽、羽越、四国、山陰、東九州と、半数近い路線で建設促進運動、または検討が進んでいます。これらの路線を、私は個人的に「ポスト整備新幹線」路線と総称しています。財源をはじめ未確定要素を多数残しながらも、整備新幹線の建設スケジュールがほぼ固まったことから、「その次」を目指して、半世紀近く待たされた各地が運動を加速させつつあります。

　このうち、奥羽・羽越新幹線と四国新幹線については、建設促進運動に携わる方々と直接、接する場面がありました（ネット上の情報をみていても、この 3 路線は、他の路線よりもやや運動が進んでいるのかもしれません）。本項では、これらの路線についてのみ、ごく簡単に印象を述べます。

　四国新幹線は、基本計画にあった「四国」（大阪－大分）と「四国横断」（岡山－高知）を組み合わせる形で「四国新幹線」の名を使っています。一時はフリーゲージトレインを導入する構想も存在したといいますが、現在は全線フル規格で、岡山－高知の区間を軸に、松山と高松、徳島への線路が分岐または交差するイメージのようです。

　詳しくは「四国新幹線整備促進期成会」などのサイトをご覧いただきたいのですが、この期成会に象徴されるように、四国 4 県が全県を挙げて一つの大型プロジェクトに取り組むのは前例のないことといいます。「初めてのオール四国の運動」という言葉を、何人もの方から聞きました。2018 年には、4県のシンクタンクなどが力を合わせて「新幹線を活かした四国の地域づくりビジョン調査報告書」をまとめています。

背景には、日本の主要4島の中で唯一、新幹線が走っていない現状への不公平感、そして危機感が存在しています。都道府県別でも、3分の2近い30都道府県に新幹線、またはミニ新幹線の停車駅があります。

　私もかつて、「東北6県で唯一、新幹線のない県」だった青森県に暮らし、別項でも記した「あらざるを憂えず、等しからざるを憂う」という空気に接してきたため、上記のような不公平感と危機感がもたらすフラストレーションは、ひしひしと理解できます。人口減少と高齢化、地方都市の衰退が進む中で、仮に新幹線が万能の存在でなくても、未来への希望をつなぐために造っておきたい…とそう地元が切望する状況は、かつての青森県に重なります。

　一方、奥羽・羽越新幹線の建設促進運動は、山形県が中心となり、近隣の県との連携を強めながら展開しています。別項で述べる通り、山形県は一度、ミニ新幹線という一つの安定した解を編み出しました。並行在来線問題を発生させず、乗り換えもなく、首都圏と直接行き来でき、しかも駅舎を地域づくりの拠点とするコンセプトは、鉄道の在り方に一石を投じた歴史的な展開だったと個人的には考えています。

　にもかかわらず、地域施策としての「ミニ新幹線」が賞味期限切れ、というべき失望が、現地では強いようです。東北新幹線が開業直後の最高速度210kmから240km、275km、300km、さらに320kmとスピードアップしていき、東京－新青森間が3時間を切ったのに対し、キロ数では半分強の東京－山形間が最速2時間半弱。特に、福島以北の在来線区間は、スローダウンが著しい上に、悪天候や動物の衝突による遅延・運休が常態化していることなどが、大きな要因といいます。

　全県組織として「山形県奥羽・羽越新幹線整備実現同盟」、さらに県内全4地域に推進組織が発足して、「オール山形」の活動が進んでいます。私はこれらの地域推進組織の会合で2度、講演する機会があり、山形新幹線にも乗車して、新幹線区間と在来線区間の「落差」を体験しました。そして、全線フ

ル規格の新幹線に、いつの間にか慣れた自分に少し驚きながらも、ミニ新幹線によって一度手にした「解」をリセットする判断には、少し複雑な感想を抱きました。

　なお、やはりミニ新幹線路線である秋田新幹線でも、運行のボトルネックとなっている区間の線路付け替えとトンネル掘削を求める動きがあります。

　「ポスト整備新幹線路線」は、いずれも、不公平感と焦燥感がベースにあり、それだけに、地元にとっては切実な運動となっているようです。他方、現在の整備新幹線建設スキームが続く限り、着工は北陸新幹線の全線開通後、つまり2046年以降になりそうです。したがって、四半世紀以上のスパンで運動を構築、継続し、完成までを見届けていくことになります。

　個人的には、本書で触れているように、新幹線がもたらす影響・効果の複雑さや不透明さを実感しているだけに、手放しでこれらの構想を支持する勇気がありません。しかし、地元・青森県で、数十年にわたる新幹線建設促進活動に接して、さまざまな希望や苦闘を知っているだけに、これらの運動に携わる方々には、心から敬意を表します。

　ともあれ、世界も日本も明確な将来像が見えにくくなる状況下で、息の長い活動を続けるには、新幹線構想が誕生したころには一般的だった、「一つの正解」や「成功モデル像」を追求する従来型の発想を離れる必要があるように感じます。例えば、「正解にたどり着く」のではなく、「移ろいゆく最適解を追求する」ための絶えざる営みに挑む、あるいは、「完璧な対応を目指す」のではなく、「常に移り変わる状況下で、70％程度の妥当性を求め続ける」といった、発想や作法、スキルの転換がカギではないかと感じています。

◉ 「リニア」はどこまで「新幹線」か？

　リニア中央新幹線は、もともとは新幹線の基本計画線の一つ・中央新幹線です。1973年に基本計画が決まった後、やがて旧国鉄が開発に着手していた

　リニアモーターカー構想と組み合わせられ、1990年には山梨県で実験線の建設が始まりました。その後、着々と走行試験が進んでいる様子は定期的に報じられてきたものの、肝心の新幹線そのものは、足踏み状態が続いていた印象がありました。

　しかし2007年、JR東海が首都圏－中京圏で2025年に営業運転を開始すると公表し、一気に構想が動き始めました。2011年の東日本大震災を受けて、防災上の観点からも、東海道新幹線を代替する高速・高規格鉄道が必要だとの空気が強まる中、同年5月に整備計画が決定、2014年10月には工事実施計画が認可され、年末に起工式が行われました。

　現在、品川―名古屋間286kmの工事が進んでおり、神奈川、山梨、長野、岐阜の各県に一つずつ駅が設置されます。

　私は長い間、「リニア中央新幹線は守備範囲外」と考え、周囲の方々にもそう伝えてきました。主な理由は、国と地方、JRの関係性が、整備新幹線と大きく異なること、また、同じ鉄道とはいいながら、これまでの「電車」の感覚が通じない、半ば航空機のようなイメージがあり、運行の様相と利用者の状況を想像しかねたことです。

　その後、2018年末に飯田市の方と接点が生まれ、何度か同市とその近辺を訪れました。

　リニア中央新幹線の沿線についても、リニアの技術についても知識、経験とも浅いことから、本書では多くを記せません。それでも、例えば、地元自治体とJR東海の協議の方法が整備新幹線と大きく異なるらしいこと、そもそも、構想の確定から着工までの時間が整備新幹線に比べると短く、地元からの長期的かつ強い働きかけで着工にこぎ着けた整備新幹線地域とは空気感が異なることなどが分かりました。

　何より、私と同様、地元の方々も、「リニア新幹線」がどのような乗りものなのか、リアルに想像し切れずにおり、当惑を胸に駅や周辺整備の検討作業

を進めている様子がうかがえました。

　気がかりなことは、南アルプスを文字通り貫いて進む工事の影響です。大半がトンネル工事のため、飯田市近辺ではほとんど工事現場を直接目にすることはなく、トンネル工事現場への出入り口や、谷を埋めるようなボリュームの残土、行き交うダンプカーを見て、その様子を想像するしかありません。

　それでも、地元として、どのような開業への備えができるのか、論点整理のお手伝いを始めつつあります。これまで出会った方々は、単純にリニア新幹線を待望する訳ではなく、その実像や地元への影響を見極めながら、議論と検討を進めている様子が伝わってきます。とても貴重な営みだと感じます。

　ただ、地元には、トンネル工事によって水源が影響を受けるのでは、と懸念する声もあります。また、工事そのものはともかく、残土を運んで行き来するダンプカーや、その往来のための道路工事によって、「静かな環境を奪われる」「自然が損なわれる」と心配する人もいました。工事の認可取り消しや差し止めを求める訴訟も起きる中、リニア構想が地元の方々に決定的な亀裂をもたらさないかが気がかりです。

●ポスト整備新幹線と時間軸

　いずれにせよ、現時点での工程では、整備新幹線の全線開業までに、まだ数十年の時間が必要です。そして、「ポスト整備新幹線」の着工と完成は、「その後」の課題となります。

　あらためて個人的な感想を記せば、整備新幹線の各路線の沿線が、完成まで数十年にわたる構想を推し進め、実現にこぎつけたことには、心から敬意を表します。一住民、一市民・県民の立場では、「数十年」という時間軸を持った生活は、そもそも、思いもつかないものです。他方、このような運動を長期にわたって維持するため、時代や状況の変化に応じた、柔軟な見直しやカスタマイズが困難だったのかもしれない、とも考えています。

整備新幹線に対する「時代遅れ」という批判は、これまでも向けられてき
ましたし、大きく外れてはいないと個人的には考えます。しかし、特にこの
10年ほどの世界の急変を見ると、「時代遅れ」という言葉の置き場所が見つ
からない気がします。時代がどちらに進み、そして、どのような対応を怠る
ことが「時代遅れ」に該当するのか、そのこと自体を定義し、位置付けるこ
とが難しい「時代」に差し掛かっているように感じられます。

【コラム】善光寺の御開帳と長野

　整備新幹線を研究している者にとって、ある意味、長野市は特別なまち
です。もちろん、最も早く、整備新幹線が開業したためです。ここで得ら
れた知見は多く、一方で、このまちならではの特殊性も、また際立ってい
る気がします。

　「整備新幹線は何よりも、開業したまちの住民の意識を変える」。今も私
の軸になっているキーワードをくださったのは、第1章で記したように、
経済界のリーダー的な立場だった方でした。確か2004年のことです。強
く感銘を受けるとともに、それを自分で確かめようと考えたのが、現在に
つながる自分の原点の一つだと感じています。新幹線をめぐる時間短縮効
果や経済効果を語る人は多々あっても、「市民の意識」について語った方
は1人だけだったと記憶しています（「新幹線開業は、まちの文化の曲が
り角」という言葉で、文化について語った方も、八戸市に1人だけおられ
たと記憶しています）。

　長野市はまた、「必ずしも自ら切望してフル規格新幹線を手にしたわけ
ではないように見える」という意味で、他の整備新幹線沿線の都市とは印
象が異なります。長野オリンピックの開催が決まったため、どちらかとい
えば苦労が少なく、フル規格開業が決まったような印象がある…と記せば、
当時の苦労、特に記録に残りにくい性格の苦労を知る方は、首を横に振る
かもしれません。

　それでも、何度か訪れてさまざまな方と言葉を交わした結果、市民にとっ
ても最も大きな出来事は長野オリンピックであり、長野新幹線開業はあく
までも、それを円滑に進めるための環境整備の一環だった、という認識が
ベースにあるらしいと分かりました。

　かつての長野県庁の対応も強く印象に残っています。社会人院生だった
ころ、「長野新幹線が県や市にもたらした経済効果、さまざまな変化をど
う総括しているのか？」と尋ねました。「長野オリンピックの準備に、高
速道路その他の整備が一体化してしまったので、新幹線の効果だけ抽出す

るのは困難と判断しました」という答えがあり、強い説得力を感じました。

（その後、新幹線の整備効果を主張する際、代わりに使われたのは東北新幹線・八戸開業時に、青森県庁が試算した数字でした。長野開業と八戸開業は5年の差がありましたが、青森県の数字は各地で、整備新幹線の経済効果を示す初の指標として、盛んに用いられました。）

2018年の調査で訪問した際は、新幹線の「開業効果」「延伸効果」を問うよりも、「まちづくりへの効果、影響」を何とか調べようと試みました。

ヒアリングでは多々、貴重なお話をうかがえましたが、強く記憶に残っているのは「善光寺の御開帳と長野」という視点です。

善光寺の御開帳は「7年おき」、実際には6年に1度、行われます。そして、まちづくりを語り、構想するときに、必ず「御開帳」との関連が話題に上るといいます。「騒がしいことは御開帳を避けて」とか、「どうせなら御開帳に合わせて」といった具合です。

北陸新幹線開業は偶然、御開帳の年に当たりました。市内でも、「途中駅でなく通過駅になるのでは」という懸念が漂っていたところへ、首都圏だけでなく北陸方面からも多くの人々が訪れていることを確認でき、地元では安堵が広がったようです。

ここから、ヒアリングの場で議論が広がりました。6年に1度の御開帳が、地域政策決定のサイクルを形成しているのではないか。また、それは、4年に1度の選挙結果に左右される首長や地方議員より、また、単年度の積み重ねを余儀なくされる行政より、よほど確実なマネジメントサイクルではないのか、等々。

いずれにせよ、長野市は「新幹線の活用、効果の最大化」という掛け声とは少し距離を置いて歴史を重ねてきたように見えます。他方で、リノベーションやまちづくり、移住定住では、他地域が参照すべきデータ・事例が多々、存在しています。中心市街地の現状と将来像など、懸案は少なくないようですが、このまちで、整備新幹線の来し方行く末とまちづくりを考え、語るのは、いろいろ、有意義かもしれないと感じます。

第2章　新幹線をめぐる議論と混迷

（1）新幹線に関する論点

◉「巨大な条件変更」

▷論点・仮説

　整備新幹線の建設と開業がもたらすものを、地元の視点から、ひと言で何と表現すればよいか？　整備新幹線取材に携わってから丸20年、ずっと考え続けてきた「問い」の一つです。突き詰めると、「新幹線って結局、何なのだろう」という本質そのものにかかわる問いと言えます。

　新聞記者時代は、テンプレートとして「県民の悲願」という言葉がありました。これは、単なる「高速・高規格鉄道」の開通にとどまらず、ましてや「東京との時間距離短縮」でもない。「格差解消」や、「不公平感の是正」といった、情緒に直結した言葉です。しかし、それでは足りない。

　記憶の範囲で、2016年ごろに浮かんできたのが「巨大な条件変更」という言葉でした。ポジティブにもネガティブにも、また、国や沿線全体、道県、市町村など、どのレベルでも使える言葉ではあります。まだ、もやもやしていますが、当たらずとも遠からず、という感触があります。

　整備新幹線の建設は、着工決定までに、膨大な時間と労力、そして政治的プロセスを必要としてきました。例えば、沿線地域は並行在来線のJRからの経営分離、建設費の地元負担という二つの条件を課されます。後者はもちろん、特に前者については、沿線自治体同士、そして自治体の中でも不利益の被り方が異なるため、調整や意思決定が困難を極めることが少なくありません。

現在、九州新幹線・西九州（長崎）ルートの最終形をめぐって、佐賀県と周囲の議論が続いていますが、まさに並行在来線の経営分離と特急列車の廃止、そして巨額の財政負担が加わることが、佐賀県の全線フル規格反対の論拠になっています。

　このように、沿線や関係組織の間で、利害が大きく異なる場合は、それまでとは異なったプロセスで —— その善し悪しは別にして —— 調整や合意形成を図らざるを得ない。この時点で、沿線は既に「巨大な条件変更」に見舞われるともいえます。

　数え方が難しいのですが、これまでの整備新幹線は、着工から完成まで、開業区間単位でみても 10 年〜 15 年程度を要しています。この時間を利用して、駅舎と駅周辺の設備の建設、接続する道路網の建設、観光スポットと受け入れ施策の整備といった施策が行われます。この段階では、開業後の正負の変化を「予測」しながら準備が進みますが、その過程で既に、並行してさまざまな変化が起き始めます。

　例えば、東北新幹線が 2002 年 12 月に八戸開業を迎えた際、翌年 3 月の高校入試で、沿線の中学生の進路に「異変」が起きました。JR 東北本線が並行在来線として経営分離されたことに伴い、運賃が大幅に値上げされました。このため、前年まで、近隣の市町まで電車通学することを前提に進路を選んでいた生徒たちが、電車通学不要の学校を主に選択するようになったのです。

　新幹線開業から入試までの期間の短さを考えると、事前に値上げ額が確定していたこともあり、多くの家庭が、あらかじめ、進路の変更を決めていたと推測されます。

　この事例について、私は 2004 年にいくつかの中学校にアンケートを取り、影響の度合いを調べました。2 年後の時点でも、多くの家庭が「進路変更を余儀なくされた」と記し、経済的負担の大きさを嘆いていました。

　整備新幹線の建設は、多くの人や組織にポジティブな効果を及ぼします。

では、彼ら彼女らが被ったネガティブな影響は、長い目でみて、誰かが何らかの形で埋め合わせられるのか。

（その後、進路変更の対象となった高校の中に、人口減少に伴う統廃合で姿を消した学校が出てきた事情もあり、「新幹線の影響」という形での不利益は、見えづらくなっています。）

もちろん、何らかの政策を実施する場合、可能な限り、ネガティブな影響を考慮し、対策を講じるのは当然のことです。しかし、多くの場合、想定を超えた影響が出てきます。この進路変更についても、後に通学費の補助制度が講じられたように、対策そのものは結果的に実施されました。ただし、不利益の発生は想定を超えたところで、あるいは形で起きることも多く、さらには対策まで時間を要した結果、不利益を被った人が救済されない場合（このケースもそうです）も出てきます。

もちろん、ありとあらゆるケースを想定し尽くすことは困難です。そして、そのことを理由に、新しい政策を考案し、実施することが禁じられるなら、それはそれで弊害も起きてくるかもしれません。

とはいえ、新幹線が沿線に及ぼす影響の間口の広さと奥行きは相当なものです。このため、全貌をつかむこと自体が既に難しく、その影響を客観的に評価したり、地域間を比較したりする作業も、かなり難易度が高くなります。

国土計画に深く広くかかわってきた故・下河辺淳氏は 1996 年、つまり整備新幹線の開業第 1 号である長野新幹線の開業前年に、こう証言しています。

「新幹線と高速道路をわれわれが必死にやったのは、東京－大阪という巨大経済圏を結ぶ手段として開発した技術であって、それが今後の日本の全体に当てはまる技術じゃなんか全然ないのです。」（「ほくとう総研及び北東公庫の役割」、NETT、16 号、ほくとう総研、1996、http://www.nett.or.jp/nett/pdf/nett16.pdf）

つまり、新幹線はもともと、東海道新幹線で有効な「地域限定のディバ

イス」であるというのです。

　一方で、整備新幹線構想（そして、ポスト整備新幹線構想）は、長らく日本のテーマである「東京一極集中」の緩和を背景に生まれ、展開されてきました。そして、全国総合開発計画、新全国総合開発計画による「高規格鉄道で日本を網羅する試み」が、「国土の均衡ある発展」を通じて、「日本人や地域地域の人々を幸福にする」という、一つの神話が出来上がったといえます。

　実際には、「東海道・山陽新幹線タイプ」がそのまま適合しない地域では、新幹線開業に際し、相当に緻密な政策パッケージをつくる力と、その前提となる情報の集約システム、さらにはこれらを「実践」に変換する力が不可欠であるように見えます。しかし、このような、いわば「新幹線を使いこなす知恵と力」は往々にして看過されがちで、沿線が「巨大な環境変化」に振り回され、疲弊するシナリオもあり得ます。

　日本の社会は常に変化を重ねながら、上記のような「格差・偏在の縮小」を宿題としてきました。事態を打開する妙案がそうそう簡単に見つかる訳もなく、多くの志ある政治家や官僚、経済人、研究者が整備新幹線に希望を託したことは、非難も批判もしがたいと個人的には感じます。加えて、政策的な妥当性はともかく、「沿線の自治体が陳情と決起大会を重ね、国やJRに陳情を重ねる」という建設促進運動のスタイルが、日本の社会習慣やシステムに高い親和性を持っていたことで、整備新幹線にとどまらず、ポスト整備新幹線の建設促進運動が続いているようにも見えます。

　あらためて突き詰めれば、整備新幹線の建設促進運動は、膨大な数の人々が、途方もない労力と時間、コストをかけ、数十年にわたってバトンをつなぎ続けてきた「リレー」です。

　しかし、どんな状況においても、銘記しなければいけないことがあります。まず、たとえ「現状」がいびつな姿をしていても、その環境下で糧を得て、生きている人々が必ずいること、そして弱い人々ほど環境変化に弱いこと、

です。

　新幹線開業には「巨大な条件変更」をもたらして地域をふるいに掛ける機能と、クリエイティブな動きを誘発したり固定概念を振り払ったりする機能を併せ持っていると言えます。しかし、残念ながら後者の事例は必ずしも多くはなく、特に高齢化や人口減少が進む地域では、「新たな条件」に適合するためのマンパワーが大きく不足しています。

　では、環境変化を引き起こす（ことを決めた）立場の人々は、どこまで、適合できない人々の救済をするべきなのか、あるいはしなくて済むのでしょうか。

　かつての日本なら、「変化上等、より良いものが生まれるチャンス！」という世界観が支配的でした。同時に、仮に自らが疲弊し、追い詰められる立場であっても、トータルでみれば「新しいものの登場とバトル、その結果としての淘汰は経験上、悪いこと、否定すべきことではない」という、ある種の楽観が存在していたように記憶しています。

　しかし、グローバリゼーションや予期せぬ破壊的イノベーションの登場が象徴するように、直近の世界情勢は本当に動きが速く、複雑で、プレイヤーも多く、しかも世代のよる経験値や常識が極端に異なってきています。向き合うには非常に難易度の高い時代に、私たちは直面しているように見えます。

▶問いかけ

　整備新幹線、そしてポスト整備新幹線をめぐっては「東京に早く行ける手段」「地域を栄えさせるかもしれない手段」「交流人口を増やす手段」「外国人を含め、観光客が増える手段」という言葉が並ぶにとどまり ── これはこれで致し方ないにせよ ── 現実に「巨大な条件変更」に直面している人々にとっては、半ば現実感も腹落ち感も乏しいのでは、と想像されます。いわば、これらの言葉の透き間から吹き付ける「変化の風」に困惑し、空白の多さ、大きさに

気づきながらも、異論を唱えるに至っていない人も多いように見えます。

　では、どうするか。上記のような「効果」をめぐる言葉を羅列する前に、「巨大な条件変更」という言葉を真ん中に置いて、政策や世界観に関する議論を、もう一度、試みてはどうでしょう。それぞれの沿線地域で、どんな会話や世界観、関係性が広がっていくか。また、進行中の施策に、どのようなフィードバックを加えられるか。

　もう一つ、論点として付け加えれば、「シビック・プライド」をどう考えるかというポイントがあります。住民としての誇り、心の拠り所は、どんなまちにも必要です。そして、シビック・プライドを新幹線駅の有無や速達型列車の停車の有無と関連づける人は少なくありません。しかし、過剰に結びつけると、呪縛にとらわれ、「ひとかどの街なのに○○がない」といった形で、いわば出口のない悩みを抱えることになりかねません。

　これらの点について、皆さんはどのような考えを抱かれるでしょうか。

◉新幹線が変えるもの：「頭の中の地図」と「イメージ」

▷論点・仮説

　新幹線の開業はさまざまなものを変えます。その中の一部は「新幹線効果」「開業効果」などの言葉で呼ばれ、あるいは悪影響としても現れます。

　新幹線が変えるのは、例えば東京を代表とする大都市圏と沿線の時間距離です。また、新幹線駅の機能や景観、交通網、沿線都市の地域イメージと政策・戦略、産業の立地と再編、製造拠点や出先機関の再編、さらには大学の進学先など、もたらす変化は多様多岐にわたります。このほか、建設工事をめぐっては、環境の改変も発生します。

　これらの変化を俯瞰して突き詰めていくと、新幹線が変えるのは「頭の中の地図」と「イメージ」の二つに集約できそうな気がします。そして、これら二つの変化が変えた人の行動の集積、さらには「人の行動が変わるだろう」

という予想や期待に基づくさまざまな投資や開発、企画の集積が、「新幹線がもたらす変化」だと定義することができないでしょうか。

　具体的な例を挙げれば、「○時間の壁」という言葉があります。航空機と新幹線のシェアが拮抗または逆転する境界として、よく用いられます。

　2002年12月の東北新幹線・八戸開業時は「3時間の壁」、つまり東京－八戸間が3時間を切れるかどうかが注目されていました。この時、JR東日本は盛岡での新幹線－在来線乗り継ぎから37分短縮して「2時間56分」を実現、期待に応えました。利用者も5割増え、その数がそのまま定着し、八戸開業は「成功」という評価を受けました。

　2010年の新青森開業時は、当初は3時間20分と「3時間の壁」を切れませんでしたが、2011年3月のE5系「はやぶさ」投入と盛岡以南での時速300km運転開始に伴い、3時間10分に短縮されました。さらに、2013年3月の盛岡以南の時速320km運転開始で、2時間59分と3時間を切りました。東北新幹線では、「3時間の壁」が強く意識されてきた様子がうかがえます。

　ただし、「○時間の壁」は、あくまで「シンボリックな数字」です。新幹線の所要時間を個別にみると、じつは意外なほど大雑把で、大半の列車の所要時間は「最短」時間を上回ります。

　例えば東北新幹線は、同じ「はやぶさ」を名乗る列車が、盛岡－新青森間を停車駅なしで駆け抜けたり、4つの途中駅のすべてに止まったりします。

　その結果、停車駅の少ない「はやぶさ38号」などは新青森－東京間を最短の2時間59分で走破する一方、最も停車駅の多い「はやぶさ8号」は、じつに3時間43分をかけて走ります（2019年11月現在）。

　しかし、多くの人は恐らく、この差をそれほど気にしないか、あるいは、多少は気にしても、それを理由に航空機に切り替えようとは考えないのでは、と私は考えます。

　結局のところ、「新幹線の方が早くて便利、確実」というイメージができ、

あるいは「頭の中の地図」のルートが空路から鉄路へ書き換えられた時点で人の行動が変容し、容易なことでは後戻りしなくなる現象、それが「壁」の正体ではないでしょうか。

同時に、地元でも「イメージ」や「頭の中の地図」の書き換えが起きたり、あるいは、利用者が増えるという期待やムードが共有されれば、駅前への投資が増えて商業施設が集積したり、観光地の受け入れ態勢が整ったり、といった「変化」が起きるのではないでしょうか。

産業の立地と再編、製造拠点や出先機関の再編にも、経済的な合理性を起点とする新幹線沿線の「イメージ」や「頭の中の地図」の書き換えが、大きな影響を及ぼしているように感じます。

そして、「イメージ」や「頭の中の地図」の変化を事前にどう予測するか、あるいは、起きつつあるさまざまな変化を「イメージ」や「頭の中の地図」の書き換えとどう関連づけるかによって、沿線都市の政策・戦略の方向性と緻密さ、強度が左右されるように感じます。

進学先についても、心理的距離の短縮や、頻繁に行き来しやすいという利便性が、やはり「イメージ」と「頭の中の地図」の書き換えに関わってはいないでしょうか。

加えて、人口減少・高齢社会では、「移動のハードル」が大きな鍵を握りそうです。「いつでも移動できる」という安心感は、親元や家族との距離感などをキーワードに、就職先や居住先、さらには婚姻や多地域居住、家族の同居・別居など、多様なライフスタイルの創出や維持に直結するかもしれません。既に、新幹線による遠距離通勤は軽井沢や佐久平など北陸新幹線で報じられていますが、それがさらに広範に、多様な形で広がっていく可能性があります。それも、元をたどれば、「暮らし方や働き方、生き方のイメージ」と、それに関連する「頭の中の地図」に帰結しそうな気がします。

ところで、ここまで読んで「航空機と新幹線のシェア争いは、『4時間の壁』

が境界だったのでは？」と違和感を抱かれた方もおられるでしょう。

　北陸新幹線は、東北新幹線に比べて距離が短く、東京－金沢間が2時間30分だったため、「○時間の壁」は話題に上りませんでした。次に「壁」が注目されたのは北海道新幹線の新函館北斗開業で、このときは「4時間の壁」が取りざたされました。いつの間にか「壁」の位置が変わったような印象を受けました。

　結果的に言うと、北海道新幹線は航空機のシェアを奪うに至らず、その一因が「4時間の壁」を突破できなかったことによる…という論調のメディア報道もみられました。北海道新幹線は149kmの区間中、82kmが貨物列車との共用区間で、最高速度が時速140kmに抑えられていることが一因となり、東京－新函館北斗間は最短4時間2分と、わずかのところで「壁」を超えられませんでした。

　そこで、2019年3月から共用区間の最高速度が160kmにアップされた結果、一部の便で、東京－新函館北斗間は3時間58分に短縮されました。今後、さらなるスピードアップと時間短縮も検討されています。

▶問いかけ

　JR東日本のデータによると、東北新幹線・八戸開業前の2001年度、青森県と首都圏の移動では、JRと航空機のシェアは「43：57」と航空機が優位でした。しかし、開業後の2003年度は「63：37」と、JRが逆転しました。その後、全線開業を挟んで、2018年度には「78：22」と、JRがシェアを伸ばしています。

　このようにみると、少なくとも2000年代には、航空機と飛行機のシェアには「3時間の壁」があったように見えます。ただ、八戸開業で注意が必要なのは、青森県内には県庁所在地の青森市や津軽地方の中心都市・弘前市といった人口の集積地があり、また、八戸市に近い三沢空港と、青森市郊外に

ある青森空港という二つの空港が立地していることです。

　八戸開業前、東京から青森市まではおよそ4時間半、弘前市までは5時間以上かかっていました。一方、青森空港には日本航空、全日空の2社が150～300人乗りの羽田便を1日9往復、運航していました。しかし、八戸開業に伴い、東京－青森間が3時間58分に短縮されるのと前後して、全日空は1日3往復していた羽田便を廃止し、日本航空の6往復だけが残りました。その帰結が、上記のシェアだと言えます。

　また、東京から東海道新幹線で西へ向かうと、広島まで4時間弱、岡山まで3時間強です。JR東海のファクトシートによれば、「対東京圏」の航空機のシェアは広島が32%、岡山が30％で、「4時間」の広島でも、航空機のシェアは限定的です。他方、JR東日本のファクトシートでは、首都圏と函館の間の航空機シェアは71％に達し、同じ「4時間」でも大きな開きがあります。この状況には、広島空港が内陸部に位置していて交通の便が良くないこと、函館空港が新函館北斗駅よりも函館市街地に近いこと、東京－新函館北斗間の列車が1日10往復しかないことなど、さまざまな要因が関わっている可能性があります。

　もともと、単純な「最短所要時間」にとどまらず、空港の立地や移動手段、鉄道、航空機とも普及してきたチケットレス・サービスなど、所要時間以外の要素によっても、交通手段の選考は大きく変わり得ます。実際の利用に関しては、航空機、鉄道ともそれぞれ、地域の個別性が強く働いているはずです。それだけに、利用に際しての本当の「壁」が、実のところ、どのような形で存在しているか、再検討が必要かもしれません。

　以上のような、「壁」をめぐる所要時間と利便性、さまざまなサービスに関する整理について、皆さんはどうお考えになりますか？

● 「新幹線効果」と「開業効果」

▷論点・仮説

　「新幹線効果」と「開業効果」。どちらの言葉も、メディアや公文書でよく目にします。意味合いは、両者ともほぼ同じに用いられているように見えます。

　私も、じつは最近まで、この両者を厳密に区別しようと思ってはいませんでした。「開業効果」は開業の前後にみられる効果、「新幹線効果」は比較的長いスパンで見た場合の効果、という差異を、多少感じていた程度でしょうか。

　しかし、この２年ほど、両者の違いが気になって仕方なくなりました。この両者の違いに無頓着であることが、そのまま、新幹線への対応の混乱や無頓着さの、直接の引き金になっているのでは…と感じられるようになったためです。

　記憶をたどると、違和感の根源には、メディアなどでよく目にした、次のような言葉があります。

　「開業時に増えたお客は既に沈静化し、○○さんは『新幹線効果はもう終わった』と肩を落とす」…。

　新幹線の開業に際しては、JR や地元自治体が多大な労力と予算を割いて、「開業ブーム」を演出し、話題性で多くの観光客をたぐり寄せようと努力します。これまで足を向けることのなかった人たちが訪れれば、それだけで地元経済にプラスの要素になります。加えて、これらの人々のうち何パーセントかでも再訪者になってくれれば、その効果が持続します。

　ここに一つの落とし穴があるように、私は感じてきました。

　少なからぬ地域や人々の間で、新幹線の開業は「ゴール」と意識されてきました。数十年にわたる建設促進運動が結実し、新幹線が開通する。建設促進運動に携わってきた人々にとっては、まさに壮大なゴールと言えます。

　しかし…新幹線は「走り始めてからが本番」です。学校でいえば、テープカットは「入学式」にすぎません。その後に続くのは、いわば「卒業のない

学校生活」です。

　もちろん、上記のような地域でも、必ず、「開業はゴールでなくスタートだ」という言い方が存在しました。

　にもかかわらず、新幹線は「開業」の存在感が大きすぎる印象があります。開業に際して、ほぼ1年がかりで「開業イベント」が続くこと、しかし、これらのイベントが一息つく「2年目以降」は、「開業対策」として投じられる予算やマンパワーが格段にしぼみ、お祭りムードも収束する事例が多いこと、何よりも、「新幹線対策とは、開業の話題性を活用して、より多くの観光客や利用者を開業時に集めること」という感覚・空気が、一般的に強いことが、その背景にあるように感じています。

　他の項目でも詳述しますが、新幹線開業がもたらす変化の半ばは予測・予見可能で、半ばは困難です。つまり、努力をしても、それが報われたり、成果につながったりするとは限りません。このため、テンプレートが形式的にもビジネス面でも確立しており、最も確実に「実績」として残り得る「記念」のイベントやキャンペーンが、ある意味、大きな気持ちの拠り所になっている可能性があります。

　このような現象を批判することは簡単です。しかし、地元が置かれる、不透明な将来に直面するという不安定な状況、さらには、「開業地域は何らかの成果を示す必要がある」という有形無形のプレッシャーを考えると、無理のない一面もあります。批判的に考察するにせよ、その作法や姿勢が問われることになる気がします。

　いずれにせよ、「開業効果」という言葉には、一過性の気配が強く、また、どこか「思考停止」につながりやすい気配を、個人的には感じます。

　以上の視点からみると、「開業効果」と「新幹線効果」は、それなりにクリアに定義・区別できる気がします。

　「開業効果」をコンパクトに定義すれば、例えば「一過性の増客を想定した

イベント、盛り上がり」、さらには「それらのイベントや盛り上がりに引き寄せられて、話題や情報量、メディア露出が増え、観光客や新幹線利用者が増えること」と表現できます。賞味期限は、これまでの事例では、1〜3年程度でしょうか。

　「開業効果」をこのように定義した場合、当然、「負の効果」も想定されます。旧態依然の手法で観光やビジネスに向き合い、それゆえに、じり貧の状態にあった地域が、「一時的にせよ、お客が増えることを期待して、今までのやり方を改めることなく、延命しようと試みること」が、その一つとして考えられないでしょうか。

　一過性のにぎわいにのみ目を奪われた結果、少し長いスパンで考え、新たな施策に取り組む努力を怠ることも、「負の効果」に含まれるでしょう。

　ただ、「新幹線開業」を契機に、動かなかった意識や仕組み、膠着状態に陥っていた課題への取り組みを促そう、という試みも時折、目にします。これらが実際に動きだし、また、課題が解決に向かえば、これらも「開業効果」に数えてよいように感じられます。

　一方、「新幹線効果」は、「新幹線が走り続ける限り持続する性格のもの」と位置付けられます。「新幹線を利用する人々や利用する環境が、量的な面だけでなく、質的にも変化すること」と表現すれば、差異がよりはっきりするのでは、と感じます。

　別の言い方をすると、前項で述べた「頭の中の地図の書き換え」と「地域イメージの変化」によって、さらには新幹線がもたらす変化への対応によって、地域の「もの・こと・ひと」がバージョンアップすること、と表現することができるように感じます。

　例えば、青森県弘前市（なぜ、ここに弘前市が出てくるかは、「弘前市は『沿線』か？」の項であらためて取り上げます）や八戸市においては、新幹線開業の効果として「観光客の増加」よりも、「地域の連携の強化」「検討作業

の効率化」「プライドや自信の獲得に伴う地域経営力の向上」を地元の人々が挙げていました。

　新幹線は、在来線特急とは別次元の旅客数や時間感覚を連れてきます。列車１編成の定員が２倍近くになり、一定時間内で移動できる範囲、さらには移動の目的地も格段に広がります。つまり、それまでのやり方とは異質な、またはバージョンアップした対策でなければ、その効果を受け止めることは困難です。

　別の見方をすれば、新幹線がもたらす「巨大な条件変更」に対して、最初はうまく対応できなくても、時間をかけて少しずつ新たな解を見いだし、地域の仕組みや構造を変化させていくことで、それまで獲得できなかったメリットや利便性を獲得できるようになる可能性があります。

　それでなくても、新幹線がもたらす変化には、じわじわと少しずつ、時には測定も困難な形で、「気がつけば地域全体を変えてしまう」性格のものが少なくありません。例えば、北陸地方の高校生の進学先が、関西方面から首都圏へシフトしつつある、という情報をメディアが報じています。

　かつて、「新幹線の効果が表れるには時間がかかる」という言い方もありました。しかし、どちらかといえば、「新幹線は長い時間をかけて、地域を変質させていく存在で、その変化に対応したビジネスモデルを開拓し、定着させるには、当然、それなりの時間がかかる」といった表現の方が正確ではないかと考えるようになりました。

　では、新幹線の「真価」が見えるまでには、どれぐらいの時間が必要なのでしょう。私が私淑してきた大先輩の研究者の方は、「半世紀」という単位を見据えておられました。それよりも短いスパンで、成功・失敗を論じるのは、まさに短慮だ、というのです。

　もちろん、特に21世紀に入り、世界の変化は振幅もスピードも激しさを増しています。それよりもっと短いスパンで、新幹線の効果を測り、対策を講

じなければならない場面は少なくありません。

　いずれにせよ、開業の翌年か翌々年に、早くも「もう新幹線効果は一服した」という感覚は、見逃し、取り逃がすものが多すぎるように感じます。お祭り騒ぎはお祭り騒ぎとして過ごし、楽しむにせよ、新幹線が「日常」に溶け込むあたりから、どんな光景や営みが広がっていくか、そこで地域の真価が試される気がします。

▶問いかけ

　本項を執筆していて「トリクルダウン」という言葉を思い起こしました。一時期、日本でも頻繁に耳にした、「豊かな人間がより豊かになれば、そうでない人々にも恩恵が及ぶ（したたり落ちる＝トリクルダウンする）」という趣旨の主張です。その真偽について議論が交わされるうち、いつしか、この言葉は消えていった気がします。

　新幹線効果、または開業効果についても、似たような響きを感じることがあります。「大都市から多くの人が訪れれば、多くのお金が地域に落ちる」「人口減少が地域経済に及ぼすダメージを補うには、交流人口の拡大が有効」といった解説をよく耳にします。まさにその通りなのですが、実際に、どこでどう、お金が落ち、かつ地域外に漏れ出さない仕組みをつくるのか、そして、持続可能な地域をつくるプロセスを進めるのか、といった議論は、否応なく、実質的に「開業後に先送り」される場面も少なくありません。そして、そうならざるを得ない事情が、地域側にもあります（「起爆剤…」の項目をご参照下さい）。

　ともあれ、上記のように、新幹線開業がもたらす変化を「新幹線効果」と「開業効果」に区分することは妥当でしょうか。また、妥当だとしたら、それぞれにとって、より的確な定義はどのようになるでしょう。加えて、近年、開業を迎えた地域の皆さんにとって、「新幹線効果」と「開業効果」は、それぞ

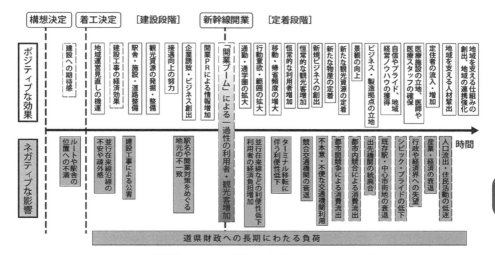

図2　新幹線の効果・影響図の案（2019年11月現在）

れ、どんな事柄だったでしょうか。

　なお、【図2】に、この十数年、加筆を重ねてきた、新幹線の「効果・影響」図の案を示しました。実際に自分で見聞し、あるいは、確度の高い情報を得た事柄に限り、時系列に沿って、「ポジティブな効果」と「ネガティブな影響」それぞれに示したものです。

　本来なら、この図を、空間的なレイヤーに分け、さらには相互の因果関係なども加筆したものを描きたいのですが、良い図法を考え出すに至らず、平板な図のままです。ただし、年を追うごとに項目は増えています。

　すでに新幹線が開業した地域の方は、ある種の「答え合わせ」に、またはチェックリストとして、これから開業する地域の皆さまは、将来予測の参考資料として、ご活用いただくことは可能でしょうか？

◉ 「新幹線」のイメージと世界観

▷論点・仮説

今の職場に移る直前、10年近く前に、愛知県在住の鉄道研究家と新幹線の話をしていました。もう20年以上のお付き合いなのですが、どうも会話がかみ合っていない。やがて、その話題での「新幹線」の定義・イメージそのものが食い違っていることが分かりました。

彼の場合、東海道新幹線は、「駅に出向いて、来た、間に合った列車に乗る」使い方が主です。スマートフォンのアプリを使えば、直前でも予約できます。1時間に10本以上が走る名古屋なら、ほぼ都市部のバスのような乗り方ができます。

一方、例えば東北新幹線はそうはいきません。特に、盛岡以北は、1時間に1本走るか走らないかの時間帯もあります。加えて、「はやぶさ」は特定特急券区間があるものの全席指定です。「事前に入念に計画を立て、あわよくばネットの割引切符を確認、駆使して乗る」タイプの列車です。

これらの、分かっていたつもりのことが、いざ、会話になると頭から抜けてしまう。同じ「新幹線」という言葉を旧知の方と交わしていても、すれ違うものごとの多さに、軽く驚きました。

このギャップは、ネットで新幹線を話題にした際の反応で、よりはっきりと可視化されます。特に、「新幹線＝東海道新幹線」という認識を持つ方々の中には、「1時間に1本しか走らない新幹線など、そもそも造る意味がなかった存在」であり、「駅の周辺にビル1棟も立っていない新幹線駅は無意味な存在」である、といった世界観、価値観を表明する方もいます。

そのような意見があること自体は、是非を論じても仕方ないでしょう。ただ、「新幹線とは何か？」「新幹線に何を求めるか、求めてはいけないのか？」という問いは、非常に重要なものだと考えます。第1章で、建設費の節約の

ためにミニ新幹線・スーパー特急規格が浮上した経緯を紹介しましたが、この際は、「ウナギを頼んだらアナゴ（スーパー特急）とドジョウ（ミニ新幹線）が出てきた」と非難がわき上がりました。後述するように、この感覚は今、修正されつつありますが、当時は、フル規格新幹線以外は「まがいもの」扱いだった訳です。

　背景には、「需要対応型」の東海道・山陽新幹線と、「需要開拓型」とされ続けてきた整備新幹線の、本質的、構造的な差異が横たわっているように感じられます。

　政策と構想の整合性についても、「需要対応型」の新幹線は明快です。比較的短いタイムスパンで「今、そこにある課題」としての供給不足に対応または克服する、という位置付けから、大きくぶれずに済みそうです。

　しかし、「需要開拓型」は、そうはいきません。人口や産業、さらには鉄道需要の空白そのものを埋めていく作業になり、必然的に息の長い、10年後や30年後を見通しての営みとなります。どんな未来が広がり、社会や技術がどう変わっていくのか、どのような仕組みやインフラが「正解」なのか、見通しが利かないままで施策を検討し、実施しなければなりません。1960年代以降に蓄積してきた「経験」や「経験値」を外挿し、仮置きのプランや機能を考案しつつ、手探りで進んでいくことになります。

　例えばスマートフォン、特にiPhoneの登場以降、世界が10年足らずで激変した経緯を目撃していると、これだけ変化の大きい、激しい時代には、相当に難易度が高い営みと実感されます。

　また、最近は青函トンネルの有効活用をめぐり、貨物新幹線構想が取りざたされていますが、これまでの新幹線は、基本的には人しか運べません。当初は寝台列車や貨物列車の構想がありましたが、需要の急増に対応した結果、これらの構想を振り捨てて新幹線は進んできました。「人だけを運ぶ」発想は、ひょっとしたらそのまま、高度成長期の直線的な効率性を引き継いできたの

かもしれず、また、その方針が今は「硬直性」という形で、政策や調整の自由度を下げているのかもしれません。

　いずれにせよ、整備新幹線の沿線は当面、良きにつけあしきにつけ変わらない「新幹線の特性」を軸として、「高速道路やIT系のインフラ、サービス、社会システムをどう組み合わせて、持続可能な社会を構築・維持していくか」という形で、政策を展開していくことになります。

　ここで、思い起こされるのは山形新幹線の事例です。ある時期までは、「首都圏への速達性と、並行在来線問題を発生させない柔軟さ」を両立させて、地域や住民への負荷を最小化し、効果を最大化した「成功事例」と位置付けられていたように感じます。

　にもかかわらず、フル規格新幹線網が成長していった結果、地元は在来線区間のスピードの遅さに加えて、悪天候や動物との衝突による運行の不安定さにストレスをため込みました。「不安」「不公平感」といった「感情」が起点となり、いったん、生まれた「安定した解」をリセットしようと試みているように見えます。

　上記のような経緯を見つめ直すと、これからの時代は、これまで半ば無意識のうちに追求されてきた「模範解答・最適解・完成度」といった要素・感覚を振り捨てて、例えば「常に70％程度の完成度を維持し、同時に、変わり続けなければいけないという現実を受け入れる」といった形に、抜本的に視点や価値観、仕事の仕組みを変えざるを得ないように感じます。さもなければ、無限に「あり得ない完成形」を追求しては挫折し続ける、といった徒労を、自滅的に選択してしまうことになりかねない気がします。「悩み続ける覚悟」を決めていくしかない時代、なのでしょうか。

▶問いかけ
　最近、「ポスト整備新幹線」の沿線では、フル規格新幹線とミニ新幹線の要

素を採り入れ、速度を抑えた「中速新幹線」の構想や、「単線新幹線」といった構想が話題に上り始めています。「新幹線」に求められる機能そのものが、変化・変質している兆しと言えます。「アナゴ、ドジョウ」という言葉が飛び交った時代は、ようやく過ぎ去りつつあるのかもしれません。

それでも、その先にはもう一つ、検討を要する課題があります。「そもそも、新幹線で解決もしくは向上、改善、克服を見込んだ地域課題とは何だったのか」という問題の問い直しです。

もちろん、「実態はともかく、新幹線というブランド、新幹線というインフラそのものが、地域の生き残りを左右する生命線だ」という主張も、全くありえなくはない気がします。しかし、この言葉が最前面に出てきてよいのかどうか。

ともあれ、それぞれの地域が抱えている課題や悩み、目指す姿は、共通項も多い半面、突き詰めると地域ごとに千差万別です。地域の数だけ「目標」「目的」が存在し得ます。そのことを自覚し、意識して新幹線に向き合えるかどうか。

かつて、「整備新幹線は数少ない、地方主導の政策提言」と位置づけた研究者がいました。同様の見方を、ある県の新幹線担当者も口にしていました。地方が国に実現を求め続けてきた姿を見れば、そのような一面はあると感じます。

にもかかわらず、少なからぬ地域で、「新幹線に期待する効果」も「現状の課題」も、テンプレート化され、パッケージ化されている印象を受けます。例えば「交流人口」「関係人口」という言葉も、地域ごとに定義が異なっていてもおかしくありません。にも関わらず、交流人口の場合は「ある時間距離の範囲内に住んでいる人の数」といった、いわばぺったりした意味合いで使われている印象があります。

これらの状況を見ていると、どこかに、政策の空白や思考停止が紛れ込んでいないか、本来の意味での、地域の主体性がぼやけていない、とても気に

なります。皆さんはどのようにお考えでしょうか？

◉あらざるを憂えず、等しからざるを憂う

▷論点・仮説

　大学院生と新聞記者と、二足のわらじを履いていたころ、記事と論文、両方を書くため、青森県の元出納長に取材したことがあります。新幹線建設促進運動にも長く携わっておられた方でした。「詰まるところ、青森県民にとって新幹線とは、特に新幹線建設促進運動とは何だったのか」という問いがテーマでした。

　「フラストレーションの発散」

　それが彼の見解でした。極めて説得力のある言葉だと感銘を受けました。その背景として思い浮かべたのが、この項のタイトルである「あらざるを憂えず、等しからざるを憂う」です。

　私は、東北新幹線が盛岡開業を迎える前、中学から高校にかけて、妙な錯覚を抱いていました。人口規模だけを拠り所に「青森市は盛岡市より格が上だ」と信じ込んでいたのです。今、思えば「格」や「上下」という感覚自体が噴飯ものですが、当時、似たような感覚の人と、同じような会話を交わした記憶もあります。

　加えて、青森市民は「交通の要衝」という役回りに、一定の自負を抱いていました。例えば、中学の社会の教科書には、全国の交通網の略図があり、本州の北端で東北本線、奥羽本線、青函連絡船の接点となっている青森市が記載されていたのです。もちろん、盛岡市は、この地図にはありません。

　しかし、新幹線開業後、盛岡はみるみる変貌していきました。青森市と同列の地方都市だと感じていたのに、立派な新幹線駅舎がモーターになったかのように、オフィスビルやマンションが建ち並び、拠点性を増していきました。ちょうど、私が学生時代のことです。新幹線を持つ地域の優位性が、「都市

の景観」という分かりやすいかたちで可視化されたような気がしました。そして、青森市は名実とも、都市としての格も機能も、盛岡市に後れを取った、と感じられました。

　盛岡市には、どのような変化が、どのようなプロセスで起きたのか。私自身はまだ、自分では詳細に経緯を検討できずにいます。もちろん、盛岡市は「新幹線が開通したから"発展"した」といったシンプルな図式ではないでしょう。まず、青森県や秋田県が後背地となる地理的な優位性が一定程度あったこと、そして、高度成長の余韻が残る時期に開業を迎え、その後のバブル期を経て、盛岡市やその後背地の県北エリアに、スキー場開発などを通じて積極的に投資がなされた事情もあったでしょう。

　しかし、大部分の青森市民、そして多くの青森県民の目には、「新幹線のターミナルになることは、都市としての繁栄を約束する」と映った可能性があります。そして、「新幹線を、そして終着駅を手にいれなければ」という思いが県内に充満したように感じられました（この点については「終着駅効果の虚実」の項をご参照下さい）。

　それ以降、運動を主導する人々の合言葉となった観があったのが、標記の「あらざるを憂えず、等しからざるを憂う」でした。私なりに意訳すると「新幹線がないことは我慢できる、不公平なことは我慢できない」という趣旨です。

　とても切実な言葉です。ただし、「等しからざる」の対象が、お隣の地域なのか、それとも、地方の対極にある「大都市圏」なのか、という文脈によって、ニュアンスが相当に変わってきます。そして、解釈や主張によっては「すべてのボタンの掛け違い」につながりかねない言葉だと感じます。

　整備新幹線はもともと、大都市圏と地方の格差解消を狙った構想でした。その意味で、この言葉は、整備新幹線構想すべてに関わる言葉です。ただ、2000年代初めごろの青森県内では、それを織り込んだ上で、隣接地域を意識して「等しからざる」という言葉が使われていた印象があります（もちろん、

人によって印象は異なるでしょう)。

　フル規格新幹線の誘致に動き始めて約30年が経ち、当時の青森県民は、新幹線利用がすっかり定着した岩手県、そして1997年にミニ新幹線が開業していた秋田県を、羨望のまなざしで眺めていました。気候環境や歴史・文化が似通う北東北3県で、1県だけ疎外される感覚が漂っていたように感じます。その結果、特に青森市内では、「不公平感」を起点とし、「新幹線を何にどう使うか」、「新幹線があるからこそつくれる未来とは何か」に関する議論をほぼスルーして、「新幹線を手にすれば盛岡のようになれる」、あるいは「青森が経済的に低位を抜け出せないのは新幹線がないからだ」といった、少し情緒的かつ直線的なロジックが支配的になってしまった可能性があります。

　そう考えると、北海道新幹線の開業が決まった時点で —— 東北新幹線が青森市に到達もしていないのに —— 青森市内が「どうせ函館に全部持って行かれる」という、理解に苦しむ自虐に陥った理由が理解できるように思われます。

　要は、具体的なマネタイズや「地域のつくり変え」を考える手前で、不公平感を起点として、新幹線を渇望する精神状態に陥ってしまったこと自体が、地域にとっての不幸の端緒のように思われます。それを象徴するのが、「あらざるを憂えず、等しからざるを憂う」という言葉のように感じられてならないのです(この言葉を使っていた方々への批判ではなく、この言葉自体が「落とし穴」であるように感じます)。

　本書で述べてきたように、東北新幹線は青森県に有形無形の恩恵と、さまざまな悪影響とを及ぼしてきました。それでも、2019年時点でその姿をみていると、すべての場面においてではないにせよ、青森県はそれなりに、「不公平感に基づく新幹線への渇望」を克服したように見えます(ただし、一時の誘致活動時の熱狂を考慮すると、活用の面では、まだ多くの空白が宿題として残っているようにも見えます)。

　象徴的な転換点に見えたのが、八戸開業の翌年、就任間もない青森県知事

が「あらざるを憂えず、等しからざるも憂えず」と口にし始めたことです。それまで、相応のつらい歴史と背景があったにせよ、県内に蔓延していた不公平感を胸に秘めつつ、それはそれとして前へ進もう、というメッセージを感じました（詳しくは拙著「あらざるを憂えず、等しからざるを憂う」、地域政策、2005年夏季号・第16号、pp.25-31をご覧ください）。

　いま振り返ると、盛岡開業はやはり、後背地を持つという地の利と、経済状況という「天機」をともに得ていました。これは公平も不公平もない事情です。他の項目でも記したように、ひょっとしたら、有力政治家がいて、新幹線を"引っ張ってきた"要素も大きいのかもしれません。しかし、なぜ、有力政治家が誕生したのかを考える必要はあるでしょう。

▶問いかけ

　最近、在来線の特急に乗ると、新幹線の快適さ、例えば車中でパソコンを使った仕事のしやすさにあらためて気付かされます。便利さはすぐに当たり前になり、感動もなく慣れてしまうものだと実感しつつ、青森県が何を手にして、何を失ったのかについて、あらためて考え込みます。

　同時に、近年の「ポスト整備新幹線」などの動きを見ていると、1980年代の青森県の姿に重なる部分が少なくないと感じます。

　日本地図を広げると、大きくぽっかり、新幹線が空白の地域がいくつかあります。これらの地域に、「他地域にあるものが地元にもないと、置き去りにされる、衰退が加速する」という焦り、さらには恐怖感があるかもしれないことは —— 若い頃に目にした光景が、今も私自身のどこかにわだかまっているだけに —— 理解できる気がします。

　「ポスト整備新幹線」地域の方々とは、この数年、何度かお話しする機会がありました。ただ、最新の状況については、気をもみつつも直接には確認できずにいます。「不公平感」にどう向き合うか。建設促進運動のエネルギーと

もなり、一方で、運動の「質」にも影響を及ぼすだけに、難しい問題をはらんでいる…と再認識しています。

　直近の状況に対する、それぞれ地元の方々のお考えや議論のステージは、どのようになっているのでしょう？

　皮肉と言えば皮肉ですが、新幹線がないエリア、特に過疎地域の離島や中山間地域で現在、日本のトップランナーと言える取り組みが展開されている例は少なくありません。「新幹線がなくても、あるいはないからこそできること」を積み重ねている地域といえます。

　その対極に、「新幹線があればこその未来」を追求している地域が位置する構図、とみることもできます。

　「新幹線がないと本当にできないこと」は何なのでしょう。

　この問いは、既に新幹線が走っている地域にもそのまま通じる問いです。何らかの「答え合わせ」が、必要ではないでしょうか？

◉乗り換えと速達性、駅舎の位置

▷論点・仮説

　整備新幹線の建設に際しては、「時間短縮」が最も強調される効果です。しかし、場合によっては新たな乗り換えが発生し、利用者から不評を買うことがあります。旅客の中には、乗り換えの有無にかかわらず1分でも早く到着したい人もいるでしょうが、身近で話を聞いていると、時間が多少、延びても、乗り換えの手間を省きたい人は少なくありません。

　整備新幹線の沿線で、この「乗り換え」が最近、最も問題化しているのは、北陸を走る特急「サンダーバード」「しらさぎ」でしょう。北陸新幹線の金沢開業時、これらの特急は金沢以東の運行をとりやめ、富山県側の利用者から強い不満の声が上がりました。リレー列車として富山ー金沢間に新幹線「つるぎ」が運行し、乗り継ぎ割引も導入されましたが、現地を訪れてみると、

不満は今もくすぶっている様子です。

　加えて、2023年春に迫った北陸新幹線・敦賀開業では、「サンダーバード」「しらさぎ」は敦賀止まりになり、金沢や小松、福井などは、関西・名古屋方面へ向かう際、すべての乗客が乗り換えを余儀なくされます。もともと関西方面との結びつきが強い石川・福井県民は強く反発し、敦賀開業後も従来通りの特急運行を求める活動が続いてきました。

　ただ、現行のルールでは、並行在来線として経営分離される北陸本線にこれらの特急が乗り入れた場合、JR貨物が支払う線路使用料が減額されます。福井新聞の記事によると、特急乗り入れによって福井県の並行在来線会社の収入が7億円減る、との試算も示され、問題の悩ましさが浮き彫りになりました。

　北海道新幹線も、乗り換えが利用伸び悩みの一因になっている可能性があります。新函館北斗駅は、最大の需要がある函館市の函館駅から18km離れており、快速電車への乗り換え時間と乗車時間で、30分ほどが必要です。新幹線降車後のルートと手間は、例えば羽田空港からモノレールで東京駅へ向かうような感覚ですが、トータルで東京駅から函館駅まで4時間半〜5時間ほどかかるため、実質的に「4時間の壁」を大きく超えます。

　それでも、所要時間が多少とも短縮されていれば、まだ「効果」と呼べます。北海道新幹線は在来線の津軽海峡線時代に比べ、東京－函館間は「新青森駅での乗り換え1回」が「新函館北斗駅での乗り換え1回」になり、乗り換え回数自体は変わりません。特急料金は上がったものの、所要時間は30分近く短縮されました。

　これに対し、青森－函館間は事情が異なります。津軽海峡線時代は乗り換えなし・約2時間で行き来できた両都市は、今、乗り換えが新青森（奥羽本線－北海道新幹線）、新函館北斗（北海道新幹線－函館本線）と2回になりました。所要時間は以前とほぼ変わらず、時間帯によってはかえって延びてい

ます。加えて、ネット限定の一部の切符を除けば、特急料金が相当に上がっています。つまり、青函圏の移動に限れば、恩恵どころか、損失が大きい開業となりました。

　両者の対比は、列島スケールで見た新幹線の役割と、小さなスケールで見た新幹線の役割の矛盾を、最もくっきり表しているように感じます。大きなスケールで巨大な流れを担う新幹線は、個別のエリア同士の面倒までは見切れないし、それがミッションではない、ということでしょうか。

　一方、「所要時間」についても、意外に見落とされている事実があります。「最速○○分」という、よく目にするうたい文句は、全ての列車のことを指している訳ではないことは、ほとんどの方がご存じでしょう。しかし、前述の通り、例えば東北新幹線「はやぶさ」のように、便によって停車駅の数が異なる列車は、所要時間にも大きな差があります。2019 年 11 月現在、盛岡－新青森間がノンストップの列車は東京－新青森間が 2 時間 59 分、一方で盛岡－新青森間で 4 駅に停車し、さらに盛岡以南で他の駅にも止まる列車の場合は同じく 3 時間 43 分と、その差は 44 分にも達します。

　この時間差を理由に、新幹線を諦めて航空機に切り替える人はいないでしょう。しかし、「はやぶさ」誕生の際、275km 運転から 320km 運転への移行を理由（の 1 つ）に、特急料金が値上げされた経緯を振り返ると、時間距離と料金の関係性についても、いろいろと考えたくなります。

▶問いかけ

　時間と距離、乗り換えの有無、そして料金の関係性については、考え方の個人差も大きく、単純な議論は難しそうです。

　例えば、鉄道関係者と話していると、「乗り換えが発生しても、早く到着できるなら問題ない」という趣旨の言葉を耳にすることがあります。鉄道会社や、そこで働いている方々にとっては感覚的に、乗り換えはそれほど留意すべき

問題ではないのかもしれません。私自身、多少は億劫ながら、それほど苦に
はならない方です。とはいえ、利用者には移動に不自由を抱える人、大きな
荷物を持った人、子ども連れの人なども少なくありません。所要時間に気を
取られて、「乗り換えの手間は存在しない」ことにして議論が進んでしまうと、
利用者の負荷が強まり、最後は鉄道離れに至るかもしれません。

　鉄道のトータルの所要時間と乗り換え回数、乗り換えの手間などの関係性
は、ある程度は、方程式に置き換えて議論することも可能かもしれません。
まだリサーチが不十分なため、この問題を扱った論考などを見つけられずに
います。適切な先行研究が存在しているはず、と思うのですが…。

（2）新幹線をめぐる議論の混乱と整理

◉「終着駅効果」の虚実

▷論点・仮説

　本項では、青森市と「終着駅」の関連について考えてみます。

　青森市民は長く、新幹線を待望していました。特に、新幹線が走ること自体よりも、新幹線の「終着駅」になることを切望していました。

　いくつもの理由が浮かび上がります。まず、市民の精神的な拠り所が長く「本州北端の交通の要衝」という、まちのアイデンティティだったことです。青森市は県庁所在地ながら、弘前、八戸という城下町に比べると、どちらかといえば影が薄く、歴史も浅い、と市民は思い込んできました。その思いは「ねぶたと連絡船をとったら何にも残らないまち」と、市民が口にし続けてきた言葉に、にじみ出ていました。

　しかし、「北海道への起点であり、北海道からの玄関口でもある」という自負は、1988年の青函連絡船終航で大きな転換期を迎えました。入れ替わりに開業した津軽海峡線は、青函連絡船のおよそ半分の時間で青函を結びながらも、連絡船に代わる海峡のアイコンとはなり得なかったように感じられます。

　ここで思い浮かべるのは、東北新幹線開業後の盛岡の繁栄ぶりを目の当たりにし、同時に、盛岡の後塵を拝した、と市民らが感じていたことです。

　「あらざるを憂えず、等しからざるを憂う」の項目でも述べたように、東北新幹線開業前、盛岡は人口規模ではわずかながら青森を下回り、青森市内には盛岡を同格、もしくは格下に見る空気がありました。しかし、東北新幹線の終着駅になるや、盛岡は急速に、機能面で東北第2の都市の地歩を固めました。林立するマンションやオフィスビルは青森市民に、強いコンプレックスと、「終着駅効果」の大きさを確信させました。

両者を結ぶ形での「不条理感」も、市民に漂っていました。在来線の東北本線は本州と北海道を結ぶ大動脈である。そして、新たな大動脈である東北新幹線も当然、一刻も早く青森へ到達する必要がある。にもかかわらず、政策の不十分さによって、不当に盛岡で足止めを食っている——。

ただ、何より青森の人々を刺激したのは、盛岡駅の３階から、１階で待つ特急「はつかり」へ向かう行程だったかもしれません。真新しい高架のホームから、昔ながらの在来線へ降りていくコースは、「格上の新幹線沿線、格下の在来線沿線」というイメージを、強く醸し出していました。

これらの体験をベースとした、いわばルサンチマン（恨み）が、青森県における新幹線建設促進運動の最大の原動力だった可能性があります。

上記のように市民・県民が「感じた」ことは「事実」です。しかし、いくつもの短絡、思い込みが存在する可能性があります。

例えば、産業面でみれば、限られたルート沿いで、しかも人間しか運べない高速交通体系としての新幹線の役割は、それほど幅広いものではないかもしれません。整備新幹線について、高速道路と詳細に比較した研究例をなかなか見つけられずにいるので、お心当たりの方はぜひ、お知らせいただきたいのですが、私の調査の範囲では、新幹線と並行して整備された道路網、特に高速道路の影響が大きい事例がある、という証言が得られています（櫛引素夫『地域振興と整備新幹線』、弘前大学出版会、2007）。

もう一つ、当時の青森の人々は、「後背地」の存在を必ずしも認識していませんでした。盛岡は1980年代以降、支店経済を発達させ、北東北の中枢としての機能を高めました。そのことが、まちの「発展」の基礎になっていると考えられます。しかし、それは、青森、秋田両県域が後背地として存在し、また、青森県内の主要３市や秋田県北を高速道路網でカバーできたことも大きく貢献している可能性があります。何より、盛岡の都市としての戦略性や渉外力が、一定水準以上を確保していたことによる可能性があるように、個

人的には感じています。

　にもかかわらず、ほとんどの青森市民や県民は、すべてを「新幹線の効果」に帰結させてしまった可能性を否定できません。

　実態が必ずしも定かでない「終着駅効果」に、青森の人々が執着してしまったのではないか。その結果、少なくとも二つの禍根を残したのではないか。私はそう感じています。

　まず、新青森駅が郊外に立地する環境を、どう受け止め、どう克服するか、という議論が、ほぼ放棄されてしまった。市民は「盛岡モデル」、つまり「現在の青森駅に新幹線を呼び込めば、マンションが林立する立派な都市に造り替えられる」というイメージを描き、それが崩壊したことで、それに代わるモデルを見いだせなくなってしまった可能性があります。もっとも、新幹線駅の郊外立地に伴うネガティブな環境を克服できた事例は、地方都市では、佐久平駅（長野県）を除けばほとんどないように見えます。したがって、このことで、青森市民を批判することは、公平とは言い難いかもしれません。

　次に、北海道新幹線の開業に対する対応です。市民の描いた理想とはほど遠いながら、新幹線が青森市に到達することが1998年に決まり、市内には軽い安堵感が流れました。当時、北海道新幹線の着工は現実的な課題として認識されてはおらず、「何とか新幹線の終着駅としての地位を固め、交通都市として復活したい」という、漠然たる期待感が漂っていたように記憶しています。

　しかし、2005年に空気は暗転しました。北海道新幹線の建設が認可され、完成時期として2015年度が示されたのです。「2010年度には東北新幹線が新青森開業を迎える。しかし、その5年後には函館に全部持って行かれる」── 悲鳴に似た嘆息が、文字通り市内にあふれました。その後、新青森開業後に至るまで、「何をしても無駄」という、敗北感にあふれた状況が生じました。

　背景には、上記の、幻想に近い「終着駅効果」への期待に加えて、もう一つの要因がありました。函館はかつて、人口規模では東京以北で最大の都市であり、今も、国内有数の観光都市です。新幹線の最大の効果が観光振興とされる中、函館が観光面で持つ実力を、青森市民は恐れていました。それゆえ、「すべて持って行かれる」という言葉と思考停止が、市内を覆ったように見えました（ただし、そのような大人たちに対する幻滅をバネに、高校生たちが行動を起こし、現在も、NPO法人の活動が続いています。このことについては、他の項目で言及します）。

　私がかねて抱いていた、「青森市民における終着駅効果の過大評価」については、2018年に青森市で開催した「新幹線フォーラム」で、シンクタンク・九州経済調査協会の大谷友男氏が、ほぼ同趣旨の疑問を提示されました。

　そもそも…。特にマスメディアの用語で、やや不用意な印象をぬぐえないのが「通過駅」という言葉です。新幹線の終着駅が変わるたび、「終着駅から通過駅へ」という見出しが紙面やテロップに躍ります。しかし、落ち着いて考えると「終着駅」と「通過駅」は、いくつもの意味で「セットにならない」言葉です。

　「通過駅」になるかどうかは、まず、ダイヤ次第です。また、「通過するか否か」は、もともと、個々の乗客が移動する目的次第です。ダイヤ上の終着駅であっても、目的地としての価値や用事がなければ、乗客は足を運ばない。裏返せば、「ダイヤ上の終着駅」ならば、多くの乗客が否応なくそこまで利用し、乗り換えざるを得ません。「座して得られる足止め・滞留効果によって、さまざまな利益を」という、いわば「地の利だけに乗じた商売」の気配や目線を、この「終着駅」と「通過駅」の言葉のセットは感じさせます。「終着駅」とセットにして論じるべきは、どこまでも「途中駅」化では…？

　私が見聞した限りでは、盛岡や八戸は、途中駅化を一つの経過として受け止めつつ、「通過されない工夫」に注力し続け、まちとしての力を落とすこと

なく、むしろ向上させて、今日に至っているように見えます。対照的に、最初から「終着駅効果」を当てにし続けるマインドは、何をも生みがたいように見えます。

　ともあれ、かつての青森市民は異様に「終着駅」に固執し、勝手に自信喪失していたように思います。それは、市民も自ら気づかないほど、日本地図の上での「終着駅」という地位に依存し、シビック・プライドの拠り所にしてきたためではないか。そう感じられます。

▶問いかけ

　新幹線の「終着駅効果」については、終着駅から途中駅に転じた盛岡や八戸、長野が、その虚実について、さまざまな示唆を投げかけてきます。現地の方々は、どうとらえておられるでしょう？　また、これから途中駅になる金沢や新函館北斗、これから（当面の）終着駅になる敦賀（福井県敦賀市）については、どのような地域政策や住民感情が、議論やウオッチの対象となるでしょう？

◉ 「新幹線駅前」の呪縛

▷論点・仮説

　「新幹線」の駅前は、商業的な拠点性とにぎわいが不可欠である——。そのような感覚は、地域を問わず、また、地元住民のみならず旅行者の間にも根強いようです。

　私は以前、青森市と弘前市、函館市、上越市（新潟県）、高岡市（富山県）などで小規模な郵送調査を実施したことがあります。これらの都市に共通して目立ったのは、「最寄りの新幹線駅に対する不満」として、「駅前の開発が進んでいない」ことを挙げた回答でした。

　また、あるときは、在京の知人から「櫛引さん、初めて新青森駅前を見た

けれど、何もないね。失敗だったね、東北新幹線の建設は」と言われて、ちょっとしたショックを受けました。

　これらの状況や言葉は、大きくみて、次のような価値観を示しているようです。

◎駅前の商業施設・ビルの有無や景観は、経済活動・経済状況の指標となる。

◎新幹線の駅前には商業施設・ビルがなければならない／あって当然である。

◎妥当な計画で造られた新幹線の駅前には商業施設・ビルが建つはずである／建たないのはおかしい。

◎商業施設・ビルが建たないことは、計画が妥当でなかった、あるいは、地元の努力が不適切だったことを示唆する。

◎以上のように見て、新幹線駅前に商業施設やビルが建たない新幹線建設事業は、「失敗」である。

　同じ整備新幹線の沿線でも、金沢や富山、長野のように、中心市街地の中心部に位置する在来線駅に新幹線がそのまま乗り入れた事例では、もちろん、このような見方は生じません。新幹線駅の一帯はいずれも、中心商店街を上回る商業拠点となっています。

　鹿児島市の場合、鹿児島中央駅は既存市街地の中心・天文館と約1.3kmの距離がありながらも、もともと交通の要地（西鹿児島駅）だった上、JR九州が駅ビルに大規模な投資を行いました。その結果、鹿児島中央駅一帯が天文館をしのぐ拠点性を獲得しつつあります（有村・2019）。ちなみに、鹿児島市は2018年9月に訪問した際も、中心市街地の各所や鹿児島中央駅付近で、再開発や商業施設の建設が進んでいました。

　これらの駅の一帯と、郊外に立地した新幹線駅を比べると、後者について、地元の人々や旅行者が、失望や軽侮の念を抱く心境も、理解できなくはありません。

とはいえ、もともと、ほとんどの郊外型駅の立地は、地元の希望に沿ったものではありません。むしろ、駅の郊外立地によって、都市のつくり変えが思うに任せなかった事例です。

　整備新幹線は本来、駅や周辺の商業開発を主な目的とした構想ではなかったはずです。もっと幅広く、深く、社会や将来を変えるポテンシャルを持つことは、今も変わらないはずです。それではなぜ、特に郊外に立地した新幹線駅の場合、「駅前問題」がこれほど大きな比重を占め、こじれてしまうのでしょう。

　さまざまな可能性が考えられます。私個人としては、次のような思いが強くなっています。

　結局のところ、「新幹線を何に／どこにどう使うか」、「観光客誘致のほかにどんな用途があるか」といった論点をめぐって、地域における想像力や創造力が希薄、もしくは共有されていないことが要因ではないか。そのため、分かりやすい「アイコン」として「駅前問題」に皆が目を向け、そこでしか議論を試みなくなってしまうのでは、と。

　言い換えれば、都市・地域政策と、新幹線という長距離かつ巨大なインフラへの理解・評価が混同された結果、直感的に分かりやすい半面、ロジックも何もない「駅前という評価軸」が生まれている可能性があるように見えます。

　もちろん、このような言説や認識が存在しても、実害がなければ問題はありません。しかし、特にネット社会になって、"「駅前に何もない」問題"とでも呼ぶべき、分かりやすいけれど、あまり「実」を伴わない議論、もしくは「ないものねだり」のような論じ方の言葉があふれかえった結果、どこかで何らかの害や、取り逃がしている「逸失利益」を生んでいるような気がしています。

　特に気になるのは、地元の若い人々（10〜20代）が「駅前に何もない」と嘆く回答が目に付くことです。私が実施してきた調査は、若い人の回答率

がとても低いのですが、その少数の回答の中で、「駅前が栄えていないのは嫌だ」という趣旨のことを記す人が目立ちます。

バブル経済を体験した世代が、見かけ上の「繁栄」を懐かしむなら、まだ分かる気がします。しかし今、高校生か大学生の若者が、数十年前と変わらず、「駅前にそびえ立つビル」にあこがれる姿をみると、「致し方ない」と思う気持ちの一方で、「なぜ、今さら…」という気持ちも沸いてきます。自分たちの世代の負の体験や、何か大切なものを、次の世代に伝え損ねているような思いにも駆られます。

ただ、もっと大きなショックを受けたのは、数年前、信越地域の建築家から言われた次の言葉でした。

「櫛引さん、新青森駅前、残念だね。建物がないからダメっていうことじゃない。旅人を迎える気持ちが何も感じられない。地元の志が感じられない」。新青森駅とその周辺という、市にとっても県にとってもかけがえのない空間・設備を、いわば放置して顧みない。それでいて「駅前に何もない」と突き放し、座視している ── 。

そのような状況を見透かされたようで、返す言葉がありませんでした。

このように考えると、「空虚な駅前」論が映し出すのは、ある意味、「新幹線失敗論」よりも深刻な、地元の空白、あるいは錯誤なのかもしれません。

私は 2019 年、青森学術文化振興財団の助成を得て、ニュースレター「はっしん！　新青森」の発行を始めました。青森県立青森西高等学校、JR 東日本・新青森駅、そして駅にほど近い青森県の三内丸山遺跡センター、青森県立美術館、市民団体などの協力によって、駅と近隣地域の情報を収集、発信しながら、新たなコミュニケーション・ツール、新たな協働の場をつくりたいと考えました。上記の建築家の言葉に対して、何らかの答えにつながれば、と願っています。

▶問いかけ

　新幹線駅が中心市街地に位置する都市も、楽観はしていられません。前述のように、長野や金沢、富山は、まちの消費の中心が新幹線駅にシフトしています。そして、駅一帯には、域外の企業が多数、進出しており、消費で落ちたお金が、域外に流出する可能性も高くなります。

　昔、新幹線が開通すると都市間競争が強まり、敗れた都市からは優位の都市へ消費が流出する、と指摘された時期がありました。いわゆる「ストロー現象」です。近年は、郊外型店やネット通販と中心商店街の競合が激しくなり、また、買い回り品を支える百貨店という商業形態が衰退に向かっている事情などから、「ストロー現象」という言葉を数十年前の感覚で使うことには、個人的には反対です。しかし、上記のような状況をみると、「21世紀のストロー現象は、駅ビルや駅ナカ経由で起きている」可能性がある、と考えています。

　（なお、新幹線開業に伴うストロー現象に関しては、加藤要一「九州新幹線開業によるストロー現象の予想と実際」エコノミクス／九州産業大学経済学会、19-3・4、2015、pp.29-44 が詳細に検討しています。）

　また、新青森駅前を初めてじっくり観察した、県内のある大学生は「新青森駅前に旅人が求めているのは、商業ビルというより、感動する、記念に残り得る何か、ではないのか？」という趣旨の提起をしました。この意見は参考になりました。

　「インスタ映え」を狙う旅行者に限らず、旅先で、「訪問記念の1枚」を撮る人は、昔から珍しくありません。旅人を歓迎する地元の印、あるいは地元の風土を象徴する「何か」があれば、最低限の用は足りるのかもしれません。

　例えば、弘前市の人々は、市内の代表的スポット・弘前公園内に興味深い"名所"を誕生させました。園内の桜並木の切れ目が、ある角度から見ると、ちょうど「♡」マークに見えることを発見し、「撮影スポット」として開拓、アピールし始めたのです。

駅に本当に必要な機能は何か。これまでとは異なる視点からの議論や対策を始めてもよいのか…と考えさせられます。

　皆さんのお考えはいかがでしょう？

◉駅は誰のものか？

▷論点・仮説

　前項で、整備新幹線の郊外駅を取り巻く「呪縛」について述べました。

　これらの駅は、利用者や地元住民から「駅前に何もない」と冷ややかな目で見られ、不満や批判を浴びることが少なくありません。もちろん、多くは、地元が望んだ立地の駅ではないため、住民が心を向けにくい存在でもあります。その結果、「何もない―現状を変えられない」という負の循環が生まれている例が存在するようです。

　では…誰が、どう、多少とも現状を変える力を持っているのでしょう。それが必ずしもはっきりしないことが、負の循環を強めているように見えます。

　改札、発券など、駅の運営に関する業務はJRが行っています。しかし、新幹線駅舎の大部分は地元自治体が予算を支出して建設されます。構内の自由通路や駅前広場なども自治体が整備し、管理しています（ただし、一般的には、市の職員が管理のため駅舎に常駐している訳ではありません）。「改札口の外」は、意外なほど、JR本体が管理する区域は狭い印象です。

　利用者にとって、新幹線駅を構成する最小限の機能・施設は、ホームとコンコース、階段・エスカレーター等、改札口、切符売り場、待合室、トイレです。そして多くの駅は、売店や飲食施設、商業施設、観光案内所、自由通路などを併設しています。このため、観光団体・経済団体や、駅の商業施設を経営する企業など、いくつもの主体が駅の運用にかかわることになります。

　では、新幹線駅舎やその周辺の景観・機能の整備、さらには駅一帯の運用は、誰がどう行っているのでしょう。

トータルとしては自治体になるはずですが、特に郊外駅の場合、その姿が見えづらいことが少なくありません。そして、地元の県にとっても市町村にとっても、大切な「顔」であり、情報を伝達する「メディア」としての機能を持っている割に、これらの特性を生かし切っていないように見える駅は、特に郊外型の新幹線駅に目立つように感じています。

　もちろん、個別の施設や空間の運営には、それぞれの組織がベストを尽くしているでしょう。しかし、各組織の営みを撚り合わせて調整し、常に将来へ向けてデザインを繰り返していることが伝わってくる駅は、必ずしも多くはありません。

　つまり、駅やその周辺に関するマネジメントが、どこでどう機能しているのか、とても見えにくい印象があります。

　「郊外駅をめぐっては、あくまで移動のための施設であり、円滑かつ安全な移動さえ確保できれば十分」という考え方もあります。これはこれで、非常に合理的に見えますが、少なくとも、まちの中心市街地に位置する駅なら、このような「必要最小限」の機能で論じられることは、まずありません。やはり、皆が「まちの顔・地域の顔」としての機能を重視するからでしょう。一方、郊外駅の場合は、中心市街地にある駅とのバランスや役割分担の上から、費用対効果や労力対効果を強く考えざるを得ない。まちづくりの上で、どのような機能をどこまで担わせるか…。

　このように考えていくと、駅を造り、動かしていく営みは、まちや地域の歴史・文化と強く紐付いた、一つの「スキル」または「文化」であると感じられます。中心市街地に位置する駅の場合は、明治以来の長い歴史の中で、社会的、経済的、構造的な「定型」や、各種の「相場観」が共有されている。しかし、「郊外に位置する新幹線駅」は、何をどう担い、何をどこまで期待するべき場所なのか、今なお、定型も相場観もない。このため、「ないものねだり」から「スルー」まで、さまざまな意見や要望、見解が混在して落ち着かない

…そんな気がしています。

ところで、ある程度の説得力を感じさせる主張として、「（郊外の）新幹線駅は空港と同じ、と割り切るべきだ」という声があります。空港の周辺に、大規模な商業機能や景観の充実を求める人などいない、市街地から離れていても当然のこと、という内容です。確かに的を射た指摘です。地方空港と郊外の新幹線駅は、ラウンジの有無などの違いはありますが、似たような立地や機能を持つ例が少なくありません。

ただ、空港と新幹線駅には大きな違いがあります。空港の場合、設置者や運営者が基本的にはっきりしていて、経営面での収支も計算されています、また、不十分な機能や不満が集まる施設・設備があれば、それを改善する予算や、解消する主体、方策が、かなり明快です。つまり、マネジメントが機能しています。

これに対して、郊外の新幹線駅は、上記のように私が知っている限り、マネジメントがどこでどう機能しているのか、分かりにくい例が少なくありません。そして、将来的に考えると、駅前に商業施設が立地しないことより、こちらの方がよほど重要な問題かもしれません。

特にこれから開業する新幹線については、「新幹線駅のマネジメントの所在」、そして「駅が持つべき機能、役割」といった面から、駅舎や周辺に関する「新しい文化」をつくる必要があるように見えます。

一つの事例として思い浮かぶのが、2031年春に開業する北海道新幹線・新八雲駅（八雲町）です。町中心部から約3km西に建設されるこの駅について、町は「牧場の中にある駅」をコンセプトとして打ち出しました。その名の通り、牧場のまっただ中に建設される駅を、そのままアピールポイントにしようという展開です。背景には、周辺の人口や町の規模、列車のダイヤなどを勘案した結果、大規模な開発自体に意義を見いだせないという結論がありました。

東洋経済オンラインの連載記事「新幹線は街をどう変えるのか」で2019

年7月、この駅の構想を紹介した際には、さまざまなコメントが付きました。中には、駅の建設自体を揶揄する内容のものもありましたが、多くは「できそうで意外にできない発想の転換」を評価する内容でした。

　前述のように、一つの極論として、「東海道・山陽新幹線型のモデルが通用しない地域には、新幹線を造るべきではなかった」という趣旨の主張もあります。これはこれで理念上の検討の余地はあるでしょうが、既に多くの「需要開拓型」の整備新幹線が開業し、運用されています。

　「駅は誰のものか」を一つのキーワードに、さまざまな固定観念をふりほどいて、「よりまし」な都市政策を模索して実施する…人口減少社会に、不可欠の考え方のようにも感じます。

▶問いかけ

　私が知っている整備新幹線の駅で、郊外型ではないながら、最も完成度の高い運用をしている駅の一つと感じられるのが、北陸新幹線の飯山駅（長野県飯山市）です。10年がかり、市民100人がかりで議論を重ね、駅舎とその周辺をデザインした経緯があります。

　駅舎は随所に、市民の想いや北信濃の自然・文化を採り入れた意匠を ── 一部は部外者には分からないように ── ちりばめています。地域連携 DMO・一般社団法人「信州いいやま観光局」がこの駅を拠点の一つとしており、観光案内所やカフェ、アクティビティセンターを併設、地元の人々にとっても、旅行者にとっても、快適な空間と時間、さらには一定の経済効果を創出するよう努めている様子が、外観や展示品、商品からも伝わってきます。

　また、九州新幹線・鹿児島ルートの川内駅（薩摩川内市）も、株式会社・薩摩川内市観光物産協会が入居し、コミュニティ FM のスタジオを置いて、地域づくりの拠点として機能するなど、注目される展開をしているようです。

　郊外型の新幹線駅か否かを問わず、また、新幹線か在来線・私鉄かを問わず、

皆さんの周囲で、駅と周辺のマネジメント、そして、まちづくりにおける駅全体のマネジメントが機能している例があったら、ぜひ、ご教示下さい。

◉新幹線を「利用する人」「利用しない人」

▷論点と仮説

　地元の視点に立てば、新幹線をめぐっては、大きく見て「利用する人」「利用しない人」が存在すると整理できます。また、後者はさらに「利用する目的や意思がない人」、そして「利用したいけれどできない人」が存在すると整理できます。もちろん、両者ははっきりと線引きできるわけではなく、利用の「頻度」が深くかかわってきます。

　新幹線は日々、膨大な数の人を運んでいますが、沿線での調査によれば、全く利用する機会のない人は一定の割合で存在します。そして、新幹線について考えるときには、これらの「利用しない人」もまた、非常に重要ではないか、と私は考えます。なぜなら、整備新幹線の建設財源は、JRが支払う貸付料などのほか、国費と地元自治体の負担金、つまりは税金が大きな割合を占めるからです。

　「利用する人」は、それまでの特急列車と同様に新幹線を利用する人、航空機や高速バスからシフトする人に加えて、「それまで利用することを考えなかったが、利用するようになる人」が考えられます。私も、沿線で実施した郵送による調査で、「飛行機でなければ行けないと諦めていた人が、新幹線で遠出するようになった」、「新幹線が開業したので、初めて息子の住む東京へ行ってみた」という人の情報を得ることができました。また、参考文献に記した鉄道・運輸機構の報告書も、「新幹線がなかったら移動しなかった人」に関するデータを紹介しています。

　一方、「利用しない人」を細かくみると、最初から「利用する目的や意思がない人」、高齢などのため「利用したいけれどできない人」、経済的事情のた

め「利用したいけれどできない人」が含まれると考えられます。

　前二者は一見、新幹線とは関係のない人々に見えるかもしれません。しかし、開業に伴って地域の経済環境が変化すれば、恩恵や損失、被害を受ける可能性があるという意味では「当事者」です。特に、並行在来線の経営分離と値上げなど、地域の交通環境に変化が生じた場合、その影響を強く受ける可能性があります。

　一方、経済的事情のため「利用したいけれどできない人」は、新幹線開業の「負の当事者」というべき人々です。

　新幹線は所要時間の短縮や移動の快適性をもたらす代わりに、運賃の値上げを伴います。開業前、ある程度は話題に上ることはあっても、このコストの上昇は意外に看過されがちです（ビジネス需要で乗る人の相当部分は、出張の旅費を自ら支払うことがない、また、観光面はビジネス利用に比べて、土日・季節限定の割引切符やパック旅行が用意されることが多い、といった事情があるせいかもしれません）。

　しかし、開業してみると、経済的にぎりぎりの状態で在来線特急などを利用していた人は、そのまま新幹線利用に移行することはできなくなります。利用する頻度を減らすか、それとも他の交通機関を利用するか。これらを組み合わせている人も少なくないでしょう。

　このような利用者層が非常に分かりやすく現れたのは、北海道新幹線の開業時でした。料金が大きく上がった鉄道の利用を忌避した人たちが、青函航路を結ぶフェリーに流れたのです。見方によっては、「昭和の交通環境に戻らざるを得なかった」人が、フェリーの利用を押し上げました。

　もちろん、船旅には独特の爽快感と解放感があり、魅力的な選択肢の一つです。北海道新幹線と船旅の組み合わせを選ぶ人も増えているといいます（私にとって船旅は、ネットがつながる点からも、体を休められる点からも、とても魅力的です）。ただ、問題は、「当事者がそれを望んだかどうか」です。

　新幹線は外部から人を運んできます。地元の需要にさしたる変化がなくても、観光地が話題を呼んだり、ビジネスが拡大したりすれば、利用者は増えます。観光や拡大したビジネスに携わる人々、それらの人々と経済的なつながりがある人々は、それだけでもさまざまな恩恵に浴することができるでしょう。

　それでも、やはり、地元の人々が新幹線をどれだけ使えるようになった、もしくは使いたくなった、あるいは使えなくなったかは、非常に大きな要素でしょう。

　私が実施した、開業地域でのアンケートでは、「私は高齢で新幹線に乗れないが、気持ちが前向きになった、どこかへ出掛けたくなった」といった回答がどの地域でも一定数、存在しました。経済的な見地からは、このような人々の存在は、意味や価値がないかもしれません。しかし、お金に換えられない正負の変化が地域や人々に起きていることを確認できる、非常に貴重なデータとなりました。

▶問いかけ

　整備新幹線開業に際しては、新幹線の利用動向だけを取り出すのではなく、地元の社会、地元の人々の暮らしの「質」がどう変わったのか、それを適切に、明らかにしていく必要があると感じています。その上で、「利用する人」「利用しない人」「利用できない人」の動向をある程度、継続的にウオッチしていく必要があるように感じています。難易度が高い、また、手間もかかる作業でしょうが、このような営みは妥当、または現実的でしょうか？

　ちなみに、私は、　新幹線の開業が地域にもたらした変化の指標として、景気動向指数「DI」のような手法で、市民の意識・感覚を調べることも選択肢だと考えています。

　例えば、ある程度まとまった数の住民を対象に、開業後のさまざまな変化

に対する肯定的評価と否定的評価をいくつかの尺度で調べ、両者の差異を指数化していけば、さまざまな形でトレンドを追うことができるでしょう。

　なお、ネットを活用したこの種の調査は、2011 年の九州新幹線・鹿児島ルート全線開業の前後に、熊本県の銀行系シンクタンク・地方経済総合研究所が実施しています。

　新幹線が地域にもたらした各種の変化を、より適切に調査し、評価する手法として、どのようなアイデアがあるでしょうか？

◉「格差発生装置」としての新幹線

▷論点と仮説

　整備新幹線はもともと、大都市圏と周縁部の経済的格差を解消するために構想された経緯があります。しかし、大きくみて、その格差を解消する機能がある半面、別の格差を発生させる一面もある、と私は感じています。

　最近、最も印象的だったのは、最速 320km で走る東北・北海道新幹線のE5 系・H5 系電車をめぐるやりとりです。

　E5 系・H5 系の「はやぶさ」は、東京−新青森間を最短 2 時間 59 分で駆け抜けます。しかし、盛岡以北は最高速度 260km 止まりという制約を抱え、がくんと速度が上がったり、下がったりします。速度の段差は、同じ「東北新幹線」の中で、並行在来線の経営分離や建設費の地元負担を伴わなかった盛岡以南と、整備新幹線区間である盛岡以北のギャップを思い起こさせます。

　上越新幹線や北陸新幹線と東北新幹線を乗り継いだ人たちも、同様の印象を抱くようです。大宮で乗り換えてまもなく、北陸新幹線からでは 60km、上越新幹線からでは 80km の速度差を体感し、SNS などに「格差だ」と記している人が何人かいました。

　「速度差」をより強く意識するのは、ミニ新幹線沿線の人々のようです。前述のように、山形県は最近、ミニ新幹線をフル規格新幹線に転換しようと運

動を展開しており、私も2度ほど集会に出席したことがあります。席上、ある方が「東京で『青森ですら新幹線で3時間ですら行けるのに、なぜ山形まで2時間半もかかるのか、山形には行きたくない』と言われた」という趣旨のエピソードを紹介しながら、山形新幹線のスピードを憤っておられました。

　時間距離からいえば、青森より山形の方が近いことに変わりはなく、何より、運賃も安いのです。それでも、「あの本州北端の青森と比較されるとは」という思いが強いのでしょうか（次に話す順番だった私は、どんな顔をして登壇したものか、しばし悩みました）。

　実際、山形新幹線に乗車してみると、そのフラストレーションの原因は容易に理解できます。福島から、在来線の路盤の山形新幹線区間に入ると、特に板谷峠超えの区間は、大きく速度を落として列車は進みます。実際にどれだけ時間がかかったかよりも、このスローダウンが、精神的苦痛に感じられる人は少なくないでしょう。

　加えて、フル規格新幹線は高速鉄道というだけでなく、「高規格鉄道」であり、走行の安定性が格段に違います。山形新幹線は動物との衝突や悪天候に弱く、遅延や運休が多発しています。このことも、地元では大きなストレスになっているようです。

　事情は秋田新幹線も同様です。こちらはフル規格への転換ではなく、遅延や運休が多発する区間を、新ルートと新たなトンネルで迂回する構想が検討されています。

　実際、フル規格新幹線の乗車に慣れると、その安定運行にも慣れている自分に気づきます。

　ただ、フル規格新幹線は、恩恵ばかりをもたらす訳ではありません。沿線地域は、並行在来線の経営分離と建設費の地元負担、さらに、例えば青森県の場合は新幹線駅の郊外立地という代償を払っています。加えて、かつて特急停車駅だった三沢や野辺地は、高速交通体系から分離された形で、今も沿

線では、新幹線開業を歓迎する空気は希薄です。

東北新幹線の盛岡以北も、ミニ新幹線の採用が提案され、青森県も一度は
それを受け入れました。しかし、速度と安定性に勝るフル規格化を目指し、
自らミニ新幹線を返上、フル規格化を実現した経緯があります。その代償が、
上記のような他地域の犠牲であり、見方を変えれば、沿線（というより駅舎
所在地の近傍）と、それ以外の地域との「格差」の発生とも言えます。

▶問いかけ

以上のような現状をみるにつけ、かつて、ミニ新幹線やスーパー特急構想
が提案された時のことを想起します。「ウナギを頼んだらアナゴ（スーパー特
急）やドジョウ（ミニ新幹線）が出てきた」。沿線は一斉に反発しました。フ
ル規格新幹線以外の提案は「格落ち」という受け止め方、つまりは、これら
の提案はある種の屈辱だという感覚が、沿線では大勢でした。

しかし、整備新幹線では、少なくとも現時点では、フル規格以外の新幹線
は開業していません。

並行在来線の経営分離や建設費の地元負担、さらには駅の立地の問題とは
ある程度、切り離して考える必要があるにせよ、この時、沿線が本当に必要
としていたのは何だったのか。「フル規格新幹線こそが将来への希望となり得
る」という主張はあり得るにせよ、その希望は、その後、どこでどう実現し
たのか。しなかった部分があるとしたら、それはなぜなのか。既に、振り返
るには十分な時間が経っているように思われます。

沿線各地は、何を手にし、何を失ったのでしょう。その分析と総括は、こ
れから新幹線が開通する地域や、新幹線建設を待望している地域にも、必ず、
役に立つはずですが…。

◉ 「地域の "壁" 発見器」としての新幹線

▷論点・仮説

　20年近く整備新幹線の沿線を取材して歩くうち、いくつか、実感した傾向や事実があります。

　まず、沿線地域が直面するのは組織内、あるいは組織と組織の「縦割りの壁」です。後の「『ミスター新幹線』の意味」の項でも詳述しますが、あらゆる施策と同様、この「壁」の克服は、新幹線開業対策で最も切実なポイントです。次に実感したのが「輪切りの壁」です。これもあらゆる組織の宿命で、通常は3〜4年で担当者が移動していく。さまざまな見通しや世界観、さらに具体的な施策、工程表に踏み込んだ議論を交わせるキーパーソンが、ある日、突然いなくなり、「一から勉強します」と後任の方が着任してくる。

　私自身も、「ペンを持ったサラリーマン」として、転勤者の立場から、そのような挨拶を交わしたことがあります。このため、半ばは「仕方ない」と考えています。それでも、同時に何人ものキーパーソンが入れ替わったり、あるいは長年、新幹線を取材してきたメディアの記者が大きな節目の年に異動したりする状況を何度も見ていると、ため息がたまりました。あまりに機械的な、ひょっとしたら硬直化した「異動」システムに対しては、その組織の真意やマネジメント感覚を尋ねたくなる場面が出てきます。

　三つ目は、「できない理由探しの壁」です。沿線は前例のない、いわば100年に1度の「巨大な条件変更」に直面します。にもかかわらず、現場の人々が新たな取り組みや新たな枠組みでの議論を模索しているのに対して、「前例がない」という理由で対応を拒み、あるいは消極的な対応に終始する人や組織が —— 時折ではありますが —— 視野に入りました。

　最後は、「私は聞いていない、の壁」です。沿線には、上記の「できない理由探しの壁」を乗り越え、あるいはかわして、何とか新たな施策や対策を実

行に移そうとしている人々が現れます。すると、時折、「従来と異なるルート
で話が進んでいる」、あるいは、「事前に自分への相談や打診がなかった」と
いう理由で、協力を拒む、もしくは、極めて消極的な対応に終始する、といっ
た人々や組織が可視化されます。

　これらの「壁」は、2000年に新幹線の調査・取材を始めてから、何年かお
きに一つずつ言葉として頭に浮かび、2015年ごろ、四つに達しました。雑談
の中で、これらを「地域の不具合発見器のようだ」と指摘したのは、記憶の
範囲では、上越妙高駅前で「フルサット」を経営している平原匡氏です。

　そして本書の執筆中に、「自縄自縛の壁」という言葉が生まれました。本書
で述べてきたような先入観によって、いつの間にか、思考や選択の幅を狭め
ている状態です。

　気がつけば、これらの「壁」は、新幹線開業対策の場面だけに現れるはず
がありません。さまざまな地域の施策づくりや将来像の検討、調整作業、そ
して実行のたびに、繰り返し繰り返し、現れてきたはずです。

　つまり、大きくみれば、新幹線開業対策では「地域経営」を阻害する要因
がまとまって顕在化しやすく、その地域がどれだけの「不具合」を抱えてい
るかが、さまざまな人に分かりやすく浮かび上がる、ということです。

　具体的な例として挙げられるのは、「必要条件と十分条件」の項でも言及す
る、組織の改廃です。

　整備新幹線が開業した多くの地域では、開業が過ぎるとすぐに、「新幹線」
の名がついた部署が消える傾向がありました。例えば、「新幹線・交通○○課」
が、「交通○○課」になる、もしくは「新幹線○○室」が消滅する、といった
状況です。市内の複数の団体がつくっていた新幹線対策組織が、丸ごとなく
なった例もあります。

　新幹線の建設目的は、地域や立場によってさまざまに定義できるでしょう。
しかし、整備新幹線の沿線地域という立ち位置からは、「新幹線を何らかの形

で活用すること」、そして、その営みを通じて「住民の暮らしを何らかの形で向上させ、持続可能な地域社会を構築すること」を、最終目的として整理できるように考えます（国スケールの建設目的が存在し得ることは、ここではいったん措きます）。

他の項目でも言及していますが、新幹線は「使う」ことがスタートラインです。そして、実際に新幹線が走り始め、さまざまなメリットと不具合が発生した後で、どうメリットを生かし、どう不具合を克服するかを考え、調整し、その先のビジョンを描く作業が最も重要です。しかも、この営みには「終わり」がありません。

にもかかわらず、多くの地域で、「新幹線」の名がつく部署や組織が消えていった現象をどう理解すれば良いのか。ひょっとしたら、新幹線を建設することが最重要課題で、その後の「活用」まで、検討していなかったのか…。

この現象と重なる事実があります。ほとんどの開業地域では、行政が、新幹線開業後に地域や住民がどのような変化に直面し、どのように行動や意識が変わったのか、総合的に調査していません。私が知る限り、上越市が大規模調査を行い、また、北斗市などが住民アンケートに、新幹線開業に関する質問を差し挟んだ程度です（シンクタンクが調査した事例は、金沢市で存在します）。

これらの状況を眺めてみると、本当の意味での「新幹線時代」に対し、及び腰だった地域や自治体が少なくないような印象を受けます。

もちろん、そのような状況を後付け的に批判しただけでは、何も生まれません。新幹線建設は、多くの不確実な要素や矛盾をはらんでいるだけに、「開業後の世界」に、まともに対応しづらい事業なのかもしれません。そして、そのことが「建設の自己目的化」につながる要因なのかもしれません。つまりは、新幹線開業対策をめぐる、地域政策や地域経営の在り方の限界が露呈しているのかもしれません。

▶問いかけ

　上記のような整理は、どこまで妥当なのでしょう。さまざまな場面を経て
みて、個人的には徐々に確信が深まっている観がありますが、異論ももちろん、
あるかと思います。

　いずれにせよ、このような状況をみるにつけ、そもそも、新幹線開業とい
う「巨大な条件変更」を企図し、実行することに伴う権利や責任は、どう整
理されるのか、という疑問もわいてきます。

　「開業は遠くにありて思うもの」という言葉が、ある時期から、頭に浮かぶ
ようになりました。さまざまなものが曖昧な、しかし、希望を伴っている間
は、ポジティブに開業に向き合いやすい。しかし、開業が近づくほど、対処
しなければならない課題が無数に具体化し、また、ネガティブな情報も顕在
化してくる。まばゆく見えていた「開業」が、乗り越えなければならない「壁」
に見えてくるような経験は、開業済みの地域、これから開業する地域に暮ら
す多くの人が、経験し、あるいは経験しつつあるのではないでしょうか。

　これらの不具合や「不都合な真実」をどう乗り越えていくか──。私が「真
の新幹線効果は、地域経営のバージョンアップ」と考える理由は、ここに端
を発しています。

　新幹線開業というプロジェクトは、人々を奮い立たせる「夢」として、と
ても貴重な存在です。問題は、その「夢」をどこで「現実」に沿わせ、どう
具体的な目標やプロセスを設定して、何を実現するか、という設計です。し
かし、往々にして「夢」はある種の思考停止も伴います（「絶えざる最適化」
などの項をご覧下さい）。「夢と現実」のバランスをどう取りながら、時には
数十年に及ぶ建設促進運動を展開していくか。大きなポイントかと考えます
が…。いかがでしょう？

◉弘前は「沿線」か？

▷論点・仮説

第1章にも記した通り、2010年12月の東北新幹線・新青森開業の際、最も大きな恩恵を受けたと衆目が一致していたのは、奥羽線沿いに約40km離れた弘前市でした。弘前藩5万石（江戸時代後期に10万石）の城下町であり、津軽地方の中心都市として、大藩ではないながらも厚みのある歴史・文化を有し、県内随一の観光都市でもあります。特に北海道方面からの修学旅行先として、長く、人気を集めていました。国立弘前大学の学生と話すと「修学旅行で弘前を訪れた経験があった」と語る人が少なくありませんでした。

では、弘前市は具体的に、どのような恩恵を受けたのか？　じつは、統計的にはっきりと確かめるすべがなくなってしまいました。開業から3カ月後の2011年3月11日、東日本大震災が発生したためです。東北新幹線は49日間にわたって運休し、運転再開後も、長く減速運転が続きました。弘前市や津軽地方にはほとんど被害がなかったのですが、東北への観光を控えたり、旅行そのものを自粛したりする動きが長期間にわたって広がり、東北新幹線全線開通の「前・後」を統計やヒアリングで比較する作業自体が、困難というより無意味になったのです。

2011年の4〜6月に予定されていたJRグループの大型観光キャンペーン「青森県・函館デスティネーションキャンペーン（DC）」も、一時は開催が危ぶまれました。結局、この青函DCは予定通り実施されたのですが、弘前市は長く、旅行の自粛ムードに苦しみました。それでも、被害が大きかった岩手県野田村に、弘前大学や市民と協働して支援活動に出向くなど、被災地とともに震災を乗り越えようと積極的な活動を展開しました。

その後、被災地のダメージは残りながらも、弘前市は東北新幹線で訪れた観光客への施策を展開し、人によっては「弘前の独り勝ち」という評価を県

内では手にしました。青森市内では、弘前市の"成功"をやっかむ人もいた記憶があります。

　このような経緯を各地で報告すると、必ず出てくる質問があります。「弘前市は新幹線の沿線ではない。なぜ、新幹線の開業効果が現れたのか？」。一般市民だけでなく、研究者からも同様の質問を寄せられることがあります。この状況には、大きな錯誤が潜んでいます。

　例えば…東北新幹線・八戸開業の際、最も大きな観光面の効果を期待されていたのは、レンタカーでも1時間半ほどかかる国立公園・十和田湖です。行き先が湖なら、新幹線の沿線でないのが、むしろ当たり前ですから、誰もわざわざ「沿線ではないのに？」と尋ねたりしません。ところが、弘前市だと、なぜか「沿線ではないのに？」という質問が出てくる。

　無意識のうちに、「国立大学がある規模の街」と十和田湖の間とで、何らかの尺度の入れ違いが起きている様子がうかがえます。

　「沿線」の問題をもう少し突き詰めると、「新幹線駅からの時間距離」という問題にも突き当たります。青森市で最も著名な観光スポットである八甲田山系の酸ヶ湯温泉までは、バスで1時間ほどかかります。同じく、浅虫温泉も、日中なら車で1時間近く、電車でも30分ほどかかります。しかし、同じ市町村の中にあると、「時間距離問題」は"存在しないこと"になります。

　にもかかわらず、時間距離が30分〜1時間程度でも、市町村境をまたいでしまうと、旅行者の感覚に関係なく、地元が「遠い」という感覚を諦めとともに受け入れ、放置する傾向があるような気がします。

　このようにみると、「沿線」という概念は意外なほどあやふやで、私たちみんなが、取り扱いを誤っているという気がしてなりません。

▶問いかけ

　上記のような事情がありながらも、弘前市民に尋ねると、「新青森駅はやは

り遠すぎる上、新幹線開業の恩恵は感じられない」と語る人が少なくありません。

　新幹線に関する「沿線」の考え方を、どう整理すればよいのでしょう。また、既に存在している「錯誤」をどう修正していけばよいのでしょう。

　このような状況が発生した理由の一つは、日本が人口減少時代に突入する前、新幹線が存在する地域、存在しない地域を都道府県単位で分類して、「新幹線沿線では人口が増加傾向にある」といった分析がなされたことかもしれません。当時としてはそれ以外にデータを求めるのが難しく、精いっぱいの分析だったと想像しています。とはいえ、実際の地理的な環境を念頭に置くと、やはり、「県」の単位では大雑把すぎます。

　結果的に、「沿線」という概念が未整理のまま、あちらこちらで、恣意的な解釈が進んできた可能性があります。

　特に、実際に「沿線」でさまざまな場面や議論を経験してきた方々、経験しつつある方々にうかがいたいのですが、どのような整理が、妥当かつ現実的なのでしょうか。

【コラム】 駅名と経由地

　駅名をめぐって新幹線沿線の自治体が対立する事態は珍しくありません。駅名へのこだわりは、新幹線建設そのものへのこだわりと同等かもしれません。

　私が直接、経緯を目撃した中では、2002 年の東北新幹線・八戸開業時のエピソード、そして 2010 年の新青森開業時のエピソードが記憶に残っています。

　八戸駅はもともと、「尻内駅」という名前でした。市の中心部から 6km ほど内陸に位置しています。明治期の東北本線の敷設時、太平洋からの敵国の艦砲射撃を懸念し、便利な市街地から離れた場所が選ばれたといいます。地元が望んだわけではない、「明治の郊外駅」だった訳です。加えて、尻内駅の一帯は八戸市の隣村・上長苗代村でした。当時の「八戸駅」は、尻内駅から青森・岩手県境を越えて三陸海岸を結ぶ八戸線にある、中心市街地最寄りの駅でした。

　つまり、八戸の人々にとって、現在の八戸駅＝当時の尻内駅＝は長く、隣村にあり、「最寄りの"八戸駅"から列車に乗って出掛ける、長距離列車に乗り換えるための駅」でした。

　その後、1955（昭和 30）年に上長苗代村と八戸市は合併し、尻内駅は「八戸市民の駅」になります。さらに 1968（昭和 43）年 10 月、東北本線の全線電化・複線化に際して、「尻内駅」は「八戸駅」に、「八戸駅」は「本八戸駅」に改称され、現在に至ります。

　尻内駅から八戸駅に改称されたものの、駅は長く、市民の「痛点」でした。上記のような経緯から、20 万都市の玄関口として整備される環境になく、さらに、東北新幹線・盛岡以北の着工まで駅舎や周辺の整備にも着手できず、市長らが折に触れて「日本で一番、みすぼらしい駅」「転勤者がショックを受ける駅」と嘆き続けました。

　時は流れ、念願かなって、八戸駅は新幹線開業を迎えます。しかし、この時、ひと波乱が起きます。どこからともなく、「八戸駅の名を変えては

どうか？」という意見が出てきました。八戸市の関係者は猛反発しました。

　当時、八戸駅最寄りの全国級の観光地は国立公園・十和田湖でした。青森市からのルートが早くから整備されていた半面、八戸からの交通の便は決して良くなく、バス路線もルートとしても整備されていませんでした。そこで、新幹線開業を契機として、整備と誘客が図られようとしていました。この駅名の提案は、それらの動きを後押しする意図があったのかもしれません。

　「八戸駅はわれわれの駅、八戸駅だ」

　そんな言葉が、開業対策の会合で飛び交いました。

　他の項目でも記しましたが、振り返ってみると、八戸市にとっての新幹線効果の一つは、みすぼらしい駅、そしてまちの知名度に関するトラウマの解消でした。つまり、市民にとって絶対に譲れない一線が、「八戸駅」の名誉回復だったという印象があります。

　結局、「八戸」＋「十和田（湖）」の命名案は立ち消えになりました。

　このエピソードには後日談があります。

　新青森開業を控えた時期、八戸駅と新青森駅の間に開設される駅は、立地する七戸町の名にちなんで「七戸駅（仮称）」とされていました。ただ、近隣で最大の自治体は、南隣に位置する十和田市です。そして、その名の通り、十和田市は十和田湖を有するまちです（2005年、十和田湖町と合併）。

　駅名から「仮称」を取る段階で、七戸町は駅名に「十和田」を付記するよう求められ、悩んだ末に受諾します。こうして「七戸十和田駅」が誕生しました。

　八戸開業時とは違った理由、展開ではありますが、結果的には、八戸駅に加えられなかった「十和田」の名が、「七戸駅（仮称）」に加わりました。

　八戸駅の事例で、もう一つ、印象深いエピソードがあります。開業当時、市内の人々は「東京駅で1日に何千回となく、八戸の名が連呼される！」と感慨を語っていました。東北新幹線「はやて」の行き先として、「終点・八戸」が連呼される、と。まちの実力の割には知名度が乏しく、「はっと」

などと呼ばれていた事情が背景にありました。

　少し似た展開を感じるのは、他項で言及した「長野行き新幹線」の事例です。長野の人々は、一度手にした「長野新幹線」の名を手放す際、さまざまに交渉した結果、英語を含む「長野行き」の表記を、北陸新幹線に付記することに成功しました。

　その結果が、測定可能な範囲で、どのような数字に結びついているかは分かりません。とはいえ、地域のブランディングや誘客を考える際、「名前の重み」は重要です。

　北海道新幹線・新函館北斗開業の際、途中駅となる新青森をめぐって、さしたる議論も起きず、対策も起こらなかったことは、路線の性格上、仕方なかったのかもしれません。しかし、明治から続く交通の結節点であり、「終点・青森」と呼ばれることに慣れすぎていた影響かもしれません。同時に、「途中駅になる」「函館に全部持っていかれる」という嘆きに浸る時間があれば、「名前」にまつわる、何らかの行動を起こせたのでは…と、今さらながらに感じられます。

第3章　未来に向けて

◉ 「触媒」としての新幹線：最良の新幹線対策は最善のまちづくり

▷論点・仮説

　開業地域では、「新幹線対策」「開業対策」として、さまざまな施策が講じられます。まさに、新幹線開業がなければ考案されなかったもの、検討できなかったこともあれば、長年の懸案がようやく、新幹線開業を契機として実現に向かった、というものがあるように感じます。

　例えば、富山駅を挟む LRT の南北接続は、新幹線建設抜きでは考案されなかったでしょう。金沢駅周辺の整備も同様です。また、木古内駅前の「道の駅　みそぎの郷　きこない」の整備は、津軽海峡線の開業を生かし切れなかった地元が、満を持して考案し、実現させた施策と言えます（この「道の駅」は、道内の「道の駅」満足度ランキングで、初めて 2 連覇を達成しました）。

　ただ、実際の施策をみていくと、「新幹線が来ようが来るまいが、手掛けておくべきことだったのでは…」という事案が少なくないように見えます。大規模な事業や工事でなくても、実際に何かの施策を動かすには、きっかけが要る。ある施策を動かそうと試みてきた人たちが、開業をうまく活用し、あるいは、さまざまな組織・団体や地域社会が合意形成しやすいタイミング・環境を開業がもたらす。そのような「効果」を、新幹線開業は潜在的に持っていると感じます。

　このように考えると、「新幹線」は化学で言うところの「触媒」と呼ぶにふさわしい一面があると感じます。化学変化を起こし得る物質 A と物質 B が存在しても、化学変化は起きない。しかし、そこへ他の物質（触媒）を加えると、

反応が加速し、化学変化が起きる。しかも、「触媒」そのものは変化しない──。地域社会にとって、新幹線は、その「触媒」ではないか。

　さらに、考えてみます。「新幹線が開業するから何かをする、させる」。そのような考え方は、決して間違ってはいないはずです。アリバイ的に何か行動を起こすにせよ、大きな変化を傍観するよりはずっと良い気がします。ただ、新幹線が開業しようが開業しまいが、「常に何をするべきか、考え続け、着実に実践している」ようなまちや地域でなければ、逆に、新幹線を使いこなしたり、新幹線を活用したまちづくりを続けたりすることは、難しいように見えます。たとえコンパクトなものでも、自らの手で「触媒」を常に用意できるようなまちでなければ…。「新幹線の使い方」だけが得意なまちは考えにくい。それでなくても、新幹線がもたらす「将来」は見えにくいものです。

　別の言い方をすれば、新幹線を使いこなせるまちは「新幹線がなくても生きていけるまち」なのではないか。逆に、「新幹線ができないと生きていけない」と信じているまちは、新幹線をかえって使いこなせないのでは…という気がしてなりません。

　多くの方々との、多くの場面での議論を経て、「新幹線開業で重要なのは、現実的、実効的な側面もさることながら、期待感の共有や、既存の価値観を揺らすこと、『変化』を正当化できることではないか」といった認識が生まれてきました（別項の「頭の中の地図、イメージ」の話題に通底します）。

　（ただし、このような期待感、価値観をめぐる対応には、両刃の剣の側面があります。「現状を固定し続けないと気が済まない」人々を説き伏せる際には、それなりのビジョンなり夢を語る必要があります。その際、さまざまなハレーションも起き得ます。結果的に、語った夢が「ホラ」になり、あるいは、誰かを浮き足立たせて、道を踏み外させたり、といった副作用も考えられます。）

　北陸経済研究所の藤沢和弘氏をお招きして、2018 年暮れ、青森市で新幹線フォーラムを開催した折、藤沢氏は「新幹線開業は 100 年に 1 度の変化」「み

んなが心底、まちづくりのことを考える最大のチャンス」という趣旨のことをおっしゃいました。とても分かりやすい言葉づかいだと感じます。

また、青森市のNPO法人「あおもり若者プロジェクト クリエイト」（この団体の存在は、別項で述べるように、新幹線開業がもたらした最も貴重な効果の一つであると感じています）の久保田圭祐理事長は、新幹線開業を「地域の棚卸し」になぞらえました。

いずれも、同じ趣旨、同じ「効果」について語っていると感じられます。

ところで、新幹線開業に際し、接遇・ホスピタリティの向上は、よく掲げられる目標の一つです。「おもてなし」一つとっても、新幹線がこないとそのマインドを発動できない、向上策が課題に乗らないまちは、なかなかつらい状況にあると言えます。それでも、開業を契機にまちの環境が改善されるなら、それに越したことはありません。

以前、新幹線開業を控えたあるまちで、「新幹線がきても、地元の人間にとっては、どうせ何も変わらない」と冷めた見方をしている人に出会いました。「でも、例えばこのまちでは、タクシーの接遇向上が大きな課題となっています。新幹線対策の一環として接遇向上が提案されていて、それが実現したら、受益者は来訪者だけでなく、市民全体になるのでは？」と水を向けたところ、そのような発想はなかった様子でした。

このようなやり取り、「観光客が増えても地元には益はない」という発想が生まれる一つの原因は、新幹線開業が「観光・経済効果」に比重を置いて語られすぎることにあるように感じます。

本来なら、「観光客にとってだけ快適で楽しいまち・地域」は、少なくとも地方では考えづらく、持続も困難でしょう。地元の住民が楽しんでいる暮らしをシェアする、そのことの重要性を認識させてくれたのが、東北新幹線全線開通に際し、弘前市が展開した施策「弘前感交劇場」でした。私にとっては、それ以前、八戸開業時から漠然と考えていた理念が形になって展開されてい

て、強い感銘を覚えた記憶があります。

　ともあれ、地元の住民の心に響かない、納得感がない施策は、中長期的な実効性は期待できないでしょう。

　もちろん、別項で述べる「駅前の呪縛」や、ダイヤへのこだわりが示唆するように、住民感情は万能の存在ではありません。それでも、地元の人間が納得できるまちづくり、地域づくりのビジョン抜きでは、新幹線開業対策に万全を期することは到底、困難でしょう。

▶問いかけ

　私は新幹線開業前の八戸市内を取材していて「最良の新幹線対策は最善のまちづくり」という言葉を思い浮かべ、それを最も重要な「物差し」として、新幹線取材・調査に携わってきました。

　この言葉は、まだ抽象的で、さまざまな言葉を補い、体系化していく必要性を感じています。

　この言葉は、皆さんがお住まいのまちでは、どこまで妥当でしょう。また、妥当だとしたら、どのような施策を当てはめることができるでしょうか。

　なお、これも別項で記したように、私がこれまで沿線の都市で調査した結果によると、新幹線開業は利用する予定のない人にも「効果」や「変化」をもたらしています。いくつもの都市の調査で、「自分が利用する予定はないけれど、どこかへ行きたくなった」と答えた人が、特に高齢者に目立ちました。考えようによっては、この人たちにとって、地域の現状や将来像に関するイメージが変わり、新幹線が前向きな意識を目覚めさせた、ということができます。これらの人々の「生活の質」（QOL）が向上した ── という言い方ができるかもしれません。

　もちろん、別項で述べるように、かつての青森市のような「街を挙げての戦意喪失」のような場面も存在するので、人のマインドについては慎重に論

じる必要があるでしょう。

　いずれにせよ、新幹線をめぐっては、実際に利用する人だけでなく、利用しない人々への影響や効果についても、丹念に目配りしていく必要性を感じます。

◉「何もない駅前」から生まれるもの

▷論点・仮説

　「駅前の呪縛」の項目でも述べたように、整備新幹線の沿線には、各地に「何もない」と揶揄される駅があります。その多くは、まちの郊外に立地、もしくは郊外に新設された駅です。大阪や横浜のような大都市にある、「新」がつく駅ならともかく、人口数十万以下で、副都心機能を持ち得ない都市にとっては、郊外への新幹線駅立地は死活問題になりかねません。

　新幹線駅が持つポテンシャルが高いことの反動か、「駅前の呪縛」がしばしば生まれることも、他の項目で記しました。

　悩ましい「何もない系」（実態は必ずしもそうではありませんが）の駅の中で、注目してきた活動が二つあります。一つは、もう開催場所が変わってしまいましたが、新青森駅前を舞台に誕生した産直市「あおもりマルシェ」です。もう一つは、上越妙高駅前に生まれたコンテナ商店街「フルサット」です。

　「あおもりマルシェ」は新青森駅開業から2年後の2012年、新幹線とは一見、関係のないところで生まれました。青森県庁の企画部門が開設した人材育成講座「あおもり立志挑戦塾」と、同じく農林水産部門が開設した「若手農業トップランナー塾」のOBたちが偶然、交友を持つ機会があり、「何か面白いことをしようか」という趣旨で一致したそうです。

　検討の結果、若手農家による産直市を開催することになり、その場所には、「何もない」と嘆かれていた新青森駅前を選びました。さまざまな組織に所属していたメンバーが機動的に動き（実はここが重要です）、短期間で関係機関

との調整が完了、やがて新青森駅前で年4回、開催されるようになりました。

　なぜ、新青森駅前を会場に選んだのか。副代表を務めていた小田切勇治さん（青森市）は、理由として、自由に使える広い場所があったことを挙げています。建物を欲しがる人々から見れば「空き地」にすぎない場所でも、そこで何かを開催しようと考える人々にとっては「アリーナ」や「広場」になり得るわけです。

　そして、もう1点、小田切さんは理由に、「新幹線駅前のポテンシャルの高さ」を挙げました。当時の青森市内で、新青森駅は「西の果て」「どこだか分からない駅」といった評価を浴びていました。「頭の中の地図」（別項をご参照下さい）で駅一帯が空白だったのでしょう。それでも、「新幹線駅前、といえば、分かる人には一発で分かる。その利点を生かさない手はない」という判断があったそうです。

　なお、あおもりマルシェは、新幹線駅前で生まれたムーブメントという意味では「新幹線効果」と言えます。しかし、そのような視点から語られたことはなかった様子でした。私は青森市を代表する「新幹線効果」の一つとして提起し、今は鉄道・運輸機構の評価でも、そのように位置づけられています。

　マルシェは順調に客足が伸び、2014年度には来場者が1万人を超える日が出てくる盛況ぶりを見せるようになります。しかし、この年限りで、新青森駅前での開催は終わりました。理由は、「駅前に総合病院が建つ」ことでした。駐車場の確保が困難になったのです。

　2015年度から、あおもりマルシェは開催場所を、青森大学の近所、八甲田山系の入り口に近い公園へ移しました。おかげで、青森大学生が多数、スタッフとして参加できる環境にもなりました。今も毎回、多くの人が訪れています。遊具や芝生があり、親子連れがゆっくりくつろげるため、新青森駅前とは来場者の時間の使い方が異なってきているように見えます。

　「何もないから、何でもできる。キャンパスだ」と、小田切さんは新青森駅

前を振り返ります。今でも、「発祥の地」に何らかの形でかかわり、貢献できれば、という思いはあるといいます。

　一方、上越妙高駅前の「フルサット」は、地元出身の平原匡さんが仲間とつくった株式会社北信越地域資源研究所が運営する施設です。平原さんは東京の大学を出た後、佐渡で古建築研究や観光・地域振興、NPO法人活動に携わり、2012年に上越市へ戻りました。当初は、誰かが北陸新幹線対策を立ち上げたら手伝おう、と思っていたそうです。しかし、動きがないことから2013年、仲間と「コンテナ商店街」づくりを企画し、開業4カ月後の2015年7月に最初のコンテナ1棟を設置しました。そして翌2016年6月、施設として正式にオープンしました。

　上越妙高駅は、旧城下町の高田地区から4km、市役所のある春日山地区から7km、鉄道の結節点・直江津地区からは10km離れて立地しています。水田と宅地が混在するエリアに新幹線駅を造り、在来線の駅を併設した環境は、新青森駅と共通です。駅前は区画整理が行われ、水面下でいくつかの開発計画が取りざたされていたものの、なかなか景観は変わりませんでした。

　しかし、フルサットができる前後から、急速にいくつかの構想が具体化し、今ではホテルやマンション、温浴施設、全国チェーンのカフェが駅前に並んでいます。偶然かどうか、傍で見ていると、フルサットの立地が空気を変え、さまざまな構想が動き始めたように見えました。

　フルサット自体もその後、8棟から11棟へと増床し、居酒屋やカフェ、ラーメン店など8店舗と2企業オフィスから成る「駅前コンテナタウン」として、人や情報、消費の流れの核に成長しています。

　順風満帆に見えるものの、開設当初は、さまざまな反応があったといいます。「新幹線駅前＝にぎわい、商業施設」というイメージが強く、「ビルではない建物（商業施設）」が駅前にあることに違和感を抱く人も多かったようです。

　しかし、この一連の経緯は、日本が直面しつつある「人口減少社会」にお

いて、大きな都市以外の地域がどう生きていくか、段階的にどう成長していくのかについて、いくつもの示唆を与えてくれるように感じます。

▶問いかけ

　そもそも、フルサットは開設時点から、「都市の中心にある一等地」という新幹線駅前とは一線を画し、人口減少社会や中山間地域など、「日本の近未来」を視野にスタートラインを設定していました。環境に応じて形を変えられ、そのしなやかさがビジネスモデルと相互的に関係する姿は、まさに新たな「暮らし方・働き方」につながる気がします。私は東洋経済オンライン記事（2016 年 8 月 25 日）で、平原さんの次の言葉を紹介しました。

　「人口減少や高齢化が進む中、駅前に大きな建物を建てることは必ずしも社会的な課題の打開策にならない。地方のエネルギーが低下してくれば、それに見合った手法を編み出すしかないんです。床面積や容積を優先したビルディング開発ではなく、フルサットのような、初期投資を抑えた小回りの効く手法がうまく動けば、全国のさまざまな場所で応用が利くはず。ノウハウを蓄積して各地と共有し、ゆくゆくは、同様の『郊外立地型』の新幹線駅のネットワークをつくったり、互いの特産物を販売し合ったりするような展開を目指したい。」

　日本は既に、特に大都市圏や政令指定都市クラスの都市以外では、「駅前の一等地」という言葉の意味が変わりつつあります。しかし、むしろ、「ごく普通の暮らし」を送ってきたはずの私たちの感覚が、現実についていかなくなっているだけかもしれません。

　あおもりマルシェは、「何もない」新青森駅前で、1 万人規模という、まち全体の「暮らし」に関わる営みをつくり上げました。一方のフルサットは、新幹線の駅前における建物と機能、暮らしの在り方に一石を投じつつあります。最も厄介なのは、「新幹線は観光客や買い物客の『にぎわい』をつくるた

めにある」といった、私たち自身の無意識の思い込みかもしれません。皆さんは、どうお考えですか?

◉ 「最大の新幹線効果」としての「人・仕組みづくり」

▷論点・仮説

　東北新幹線・新青森開業は、地元にとって悩み多き開業でした。しかし、各地で新幹線開業を見てきた私にとって、地元だからという身びいき抜きでも、他地域を含めて最も素晴らしい「新幹線効果」と感じられたのは「あおもり若者プロジェクト クリエイト」の誕生です。理由は、私自身が「地域を動かす人・仕組みづくり」こそ、「最大の新幹線効果」だと感じているためです（理由は本項の最後に述べます）。

　2010年12月の新青森開業時、市内の大人たちが「5年たてば函館に全部持っていかれる」と、うつむいていたことは、他の項目でも触れました。その時、70人もの高校生が集まり、独自の開業前夜祭を敢行しました。主催したのは、当時、青森南高校2年生だった久保田圭祐氏を中心とするメンバーです。久保田氏は任意団体としてクリエイトを設立、7月から青森駅近くにアパートを借りてミニFM局を開設し、手探りで資金繰りに悩みながらも、各種イベントを企画しました。当日は荒れ模様の天気の中、無事に前夜祭を終え、久保田氏はそのまま深夜バスで東京へ向かって慶応大を受験、合格を果たしました。

　主要メンバーが高校を卒業した後、クリエイトの活動はひと息ついた状態でしたが、2014年になり、NPO法人「あおもり若者プロジェクト クリエイト」として再起動しました。そして、中心市街地の「活性化」を活動の柱に据え、通年型社会教育プログラム「まち塾」をスタートさせます。塾生として高校生を迎え、商店主らが「担任」を、サポート役の大学生が「副担任」を務めて、地元の素顔や魅力を再発見するとともに、まちを元気にするアイテムや企画

を開発する、というコンセプトでした。

　以後、クリエイトは、青森市のまちづくりに欠かせない柱となり、モーター役を果たすようになります。高校生によるカフェ運営、いつの間にかコンクリートで固められた海岸に砂浜を取り戻す「あおもり駅前ビーチプロジェクト」などの中長期的活動を手掛ける一方、商店主らにまちの歴史や小路の持つ横顔を学んだり、外国人観光客にまちをPRする手法を提案したり、といった取り組みを重ねています。

　高校生は、学校のカリキュラムとは別の場面で地域や社会に触れ、また、関係人口の意味を自ら追求しながら、プレゼンテーションのスキルを磨くなど、まちがそのまま「学校」になった観があります。支援する大学生にとっても、高校生を見守りながら指導、助言する役割は、企業などでのインターンシップに負けないトレーニングの場となっています。

　私は縁あって「まち塾」の運営を少しお手伝いしています。周りにいる青森大学生たちも副担任などとして、支援に携わってきました。クリエイトの活動を間近に見て、あらためて、「人を育てる仕組み」の役割を実感するとともに、新幹線開業とのつながりを考えました。

　クリエイトは新幹線開業を契機に、新幹線開業イベントを目的として誕生しました。つまり、新幹線が青森市に起こした、大きな「変化」にほかなりません。にもかかわらず、クリエイトの活動もまた、「あおもりマルシェ」と同様、少なくとも開業直後の時点では、「新幹線効果」とも「開業効果」とも認識されていなかったようです。久保田氏と知り合ってしばらくして、「クリエイトの活動は新幹線効果だと誰かに言われたことはありますか？」と尋ねたところ、「今、初めて言われました」という言葉が返ってきました。

　以下は想像ですが、新幹線の「効果」、または開業の「効果」といえば、ほとんどの人が、「にぎわう観光地や土産物店」、「ごった返す駅の構内」といった光景を想像するにとどまり、「年甲斐もなくうなだれる大人を尻目に高校生

たちが立ち上がること」を、「効果」とイメージできなかったのかもしれません。ひょっとしたら、新幹線開業などに際しての「一イベント」として、いわば「消費」、またはスルーされてしまったのかも…とも感じました。

そのやり取りは、私に二つの変化を起こしました。

まず、「新幹線開業に際して生じたさまざまな正負の変化の中には、予想以上に、人々や社会から看過されている事象があるのでは。そして、そのことによって、多くの逸失利益が生まれているのではないか」という思いが非常に強まったことです。

経済的な効果はとても重要です。しかし、特に「需要開拓型」とされてきた整備新幹線沿線では、効果が出るまでに長い時間がかかったり、展開が思うに任せなかったりするケースも多々あるはずです。では、人々の暮らしや意識、行動パターンはどうなのか。これまで視野から外れていただけではないのか…？　その問題意識の端緒は、既に述べたように、社会人院生時代の研究、特に長野市での取材経験に遡ります。

ともかく、あらためて、「新幹線開業は、数字や形に現れる変化以外にも、例えば人々の意識や行動パターンが変化し、地域社会や組織・人に、さまざまな正負の影響を及ぼしている可能性がある」と、強く考えるようになりました。

もう一つ、私は出会う人ごとに「クリエイトは新幹線効果だと感じるが、どう思うか？」と尋ねるようになりました。その人が、「新幹線効果」をどのように捉えているか知りたかったことと、「クリエイトの活動こそ、最も貴重な新幹線効果の一つ」という私の見解への賛同者を増やしたかったことが理由です。

ともあれ、あおもりマルシェもクリエイトも、そのままでは「新幹線効果」と位置づけられなかったことは、とても象徴的なできごとのように感じられます。

▶問いかけ

　今さらではありますが、「最良の新幹線効果」としての「地域を動かす人・仕組みづくり」について補足します。

　他項でも述べてきた通り、日本は人口の減少と偏在、高齢化、さらにはさまざまな社会的変容や、世界的な破壊的イノベーションの時代に直面しています。「安定した、一定期間、持続可能なビジネスモデル」は、もはや求めようがなく、絶えず押し寄せてくる大小さまざまな変化、うねりをどう乗り越えていくか、間断なく考え続け、適応し続けるしかない時代が訪れている気がします。

　つまり、例えば10年以上のスパンで新幹線開業に備え、「模範解答」を探そうとしても、困難な時代が訪れている気がします。

　では、何ができるか。困難な現状、複雑な社会に対峙し、悩み続け、苦しみ続けながらも、喜びや楽しみをつくれる人を育て、常に「70％程度の完成度と満足度」に甘んじながらも、手探りで「前へ」進める仕組みを、つくり、育てる——。それぐらいしか、私は思いつけずにいます。

　日本がかつてない混迷の時代を迎えている時、上記のような「問い」を立てるきっかけになるなら、それこそが、新幹線の「効果」ではないか、とも考えます。皆さんは、どのようにお考えでしょう？

◉「ミスター新幹線」の意味

▷論点・仮説

　20年にわたり各地で新幹線の調査・取材を重ねる間に、何度か「ミスター新幹線」と呼ばれる人に会う機会がありました。第1章で紹介した知事や国会議員とはややニュアンスが異なり、新幹線にまつわるハード、ソフトに通じていて、「この人が新幹線対策の中心」と衆目が一致する方です。このような人の周りには情報が集まり、また、彼らの言葉は説得力と影響力を持ちます。

役職は主に自治体や商工会議所の職員、あるいは経済団体の幹部といった方々でした。

　「ミスター新幹線」が存在した時点で、その地域の新幹線対策（または開業対策）は、一定の水準に達している印象があります。鶏と卵のような言い方になりますが、「ミスター新幹線」が順調な新幹線対策を構築するというより、順調な新幹線対策が逆に、「ミスター新幹線を生む」のかもしれません。

　東北新幹線・八戸開業時、この「ミスター新幹線」の存在について、突き詰めて考えたことがありました。本来なら、誰が最もふさわしいか ── 。その当時、頭に浮かんだのは「市町村長、または地元経済界のトップ」でした。地元のさまざまな情報を継続的、総合的、網羅的に把握することが役割の人々で、多くの権限を持ち、地域政策を自ら形成、実行できる立場にもあります。加えて、地域の地理、歴史、文化に通じ、地元ならではの価値観や世界観を確立できる見識をお持ちの方が多いはずです。何より、地元の施策や、それを実行する体制のどこに「空白」があるか、熟知しておられると期待されます。

　裏返せば、本当に地元の実情にフィットする新幹線対策を講じようとすれば、このような資質や見識が不可欠だと感じられます。しかし、現実には、これらの地位にある方々が「ミスター新幹線」になった例はほとんど確認できずにいます（ぜひ、情報がほしいところです）。一つには多忙のあまり、新幹線対策に専念することが困難だという事情もあるでしょう。

　実際にお目にかかった「ミスター新幹線」で印象深かったのは、ある県庁の部長級の方でした。この県は、当時ヒアリングを申し入れた時点で印象が全く異なっていました。

　新幹線開業は駅や線路の建設と周辺整備、観光対策など、幅広い施策が関連します。このため、記者時代から、アポ取りの電話の段階で、次のようなやりとりを経ることが一般的でした。

　「新幹線開業対策の件でお話をうかがいにお邪魔したいのですが…」

「どのようなことをお聞きになりたいのでしょう？」

「えー、ひらたく言うと全部、なんですが…」

「全部、と言われましても…駅周辺整備は○○課、建設促進は○○課、観光振興は○○課、並行在来線対策は○○課、ですが…」

「新幹線を活用した、まちづくりについては、どの課がご担当でしょう？」

「中心商店街のまちづくりでしたら、商工関係になります」

「そちらのまちづくりとは違っていて、地域づくりに近いのですが…どうしましょう」

「…とりあえず、○○課に回しますね」

（私が経験した、いくつものやり取りを、記憶の範囲で再構成しました）

　このようなやり取りは、新幹線開業対策の難しさを象徴しているように感じました。多くの部課にまたがり、かつ、対応するべき期間もまちまちの施策をどう調整し、自治体が持つビジョンに整合させていくか。

　社会人院生として整備新幹線沿線の調査をしていたころ、ある県庁のヒアリングに同行していた研究者の方が、「櫛引君、この県の新幹線対策は失敗するかもね」と、ぽつりとおっしゃいました。

「新幹線、という名が付いた部局がいくつもある。これでは、外部の人間は、自分が新幹線開業に関わる仕事をしたいと考えた時、どの課に問い合わせればいいのかも分からない。ワンストップ・サービスができていないということは、庁内の調整がうまくいかないかもしれない、ということだよ。」

　ところが…冒頭に記した県は、様相が全く異なっていました。

「あの、新幹線について、いろいろとうかがいたいのですが」

「はい、承知しました」

「え？　大丈夫ですか？」

「はい、お待ちしています」

「本当に大丈夫ですか？」

「はい…？　もちろんです」

（記憶に基づいて、少しアレンジしています）

　実際に調査に出向いてみて、この対応がまさに「大丈夫」だったことを実感しました。ヒアリングに応じて下さった方は、あらかじめ用意した質問に全くよどみなく答えただけでなく、派生した質問にも、すらすらと答えて下さいました。

　質問の終わりに、不躾ながら、こう尋ねました。「新幹線の調査で、このような方にお目にかかったことは、ほとんどありません。何を質問しても答えていただける。なぜなのですか？」

　答えは明快でした。

　「以前、知事に怒られたのです。『さまざまな施策について、担当課がばらばらに個別の施策を報告にくる。しかし、それでは、何がなんだか分からない。報告をすべてまとめた上で、私に報告してくるように』ってね」

　目からウロコの思いでした。知事自らが「ミスター新幹線」になれない場合は、このような形を採るしかない。いや、知事が「ミスター新幹線」か否かとは別に、このような状況が、少なくとも役所の外の人間、あるいは県民とコミュニケーションを図る場合には、理想的なのでは…と。

▶問いかけ

　ほかにも、駅舎と駅周辺整備を担当しつつ、JRとの架け橋になり、ソフト面のサポートも手掛けていた「ミスター新幹線」を思い浮かべることができます。経済団体のリーダーの1人ながら、コミュニティFM局の編成局長として、番組制作などを通じて新幹線開業体制を構築した方もいます。また、行政と経済界の橋渡し役として、メディアからも頼られ、未来を懸命に切り開こうとしてきた若手の「ミスター新幹線」もいます。

　上記のような「ミスター新幹線」のイメージが妥当なのかどうか、そもそも、

「ミスター新幹線」を自治体などの仕組みと関連づけることが妥当なのか。本書をお読みの皆さんは、どう思われるでしょう。

　また、仮に妥当だとして、皆さまの近くに、「ミスター新幹線」はおられたでしょうか？　おられたとしたら、「新幹線のある未来」を模索してきた、それらの方は今、どうしているでしょうか。また、特にこれから開業する地域の皆さまにとって、「地域のビジョン」を語り、さらに工程を自らマネジメントできる「ミスター新幹線」はおられるでしょうか？

●新幹線効果から Maas の向こうへ

▷論点・仮説

　整備新幹線の開業に際し、多くの方とさまざまな議論を交わしてきました。その中には、「知恵の輪」のような、シンプルに見えて解きほぐせない「問い」、ひょっとしたら錯誤に属するかもしれない質問もいくつかありました。

　印象に残っている事例の一つは、北海道新幹線・木古内駅をめぐる開業後のやり取りです。新幹線がもたらした効果の一つに、私は迷わず —— 恐らく多くの人と同様に —— 木古内駅前に開設された「道の駅　みそぎの郷　きこない」を挙げました。単に1年で55万人を集め、「にぎわいを創出」したことを賞賛した訳ではありません。

　地域おこし協力隊の隊員を募って、周辺地域を学ばせ、ネットワークをつくらせながら、発信を始めた端緒。3年の任期が終わるとともに、「道の駅　みそぎの郷　きこない」の観光コンシェルジュに採用した展開。そして、道内の「道の駅」魅力度ランキングで、2017年に初登場4位、翌年1位、さらに翌年は初のV2達成 —— という成果につなげた、地元の「仕組み」づくりに注目したためです。

　しかし、ある時、意外な質問を受けました。

　「『道の駅きこない』は、確かに素晴らしい。しかし、あれは新幹線効果な

んですか?」

　困惑しつつ問い返すと、先方は、「新幹線効果は、エリア外から訪れる新幹線の乗客によってもたらされるものに限る」と、独自に（ひょっとしたら無意識のうちに）定義しているらしい様子がうかがえました。

　「町が新幹線開業に合わせて駅や一帯を整備し、開業後に利用者が訪れたのだから、新幹線効果と位置付けてよいんじゃないですか?」

　先方も反論します。

　「でも、最近のデータを見ると、木古内駅から乗車する人は1日100人ですよね。そこから考えると、道の駅のお客のほとんどは新幹線で木古内に降り立っていないし、地元の人も多いといいます」

　困惑しながら答えました。

　「…では、何の効果と言い換えられるんですか?　そもそも、新幹線で最寄りの駅に降り立った人による経済活動だけを、新幹線効果にカウントしなければならない、というルールでもあるんですか?」「お客の中には、新函館北斗方面から回遊してきたレンタカー利用者が含まれていることは、地元の人々が明らかにしています。それに、道外や域外から訪れた人に限らず、地元の皆さんが、新幹線開業に合わせて地元を回り直し、それが経済活動につながったとしたら、それを新幹線効果にカウントしてはいけないのでしょうか?」

　記憶の範囲では、やり取りはそこで途切れました。

　もちろん、域外から訪れる人たちからの“外貨”を稼がないと、地域経済はやせ細ります。しかし、一見、多数の観光客でにぎわい、多くのお金が落ちている地域の中でも、そのお金が域外に漏れ出しているところが全く珍しくないことは、いくつかの研究で明らかになっています。

　この質問者の気持ちも、とても分かるのですが、やはり、多すぎる変数の中から少なすぎる変数を選んで、その中で記述を整合させようとしたのかも…という感想を抱きました（私自身が記者時代、そのような営みを抱えてい

たことへの猛省も蘇りました)。

▶問いかけ

　上記のエピソードは「新幹線効果とは何か？」という問いとともに、「新幹線が関わる交通のデザイン」というポイントをはらんでいます。本書の執筆にあたって議論を続けた Facebook グループで、「最終的な地域の交通システムのデザイン」の必要性の指摘や、「新幹線のある社会をデザインできないことが課題」といった意見をいただきました。「MaaS」（Mobility as a Service ＝単一サービスとしての移動。マイカーを除く交通手段を一つのサービスとしてつなぐ視点・仕組み）の登場が象徴するように、これまでは専ら「新幹線と二次交通」という記述と発想で論じられてきた諸課題についても、視点・言葉遣いとも、大きく変更しなければならない時期に来ているように感じます。

　裏返せば、これから開業を迎える整備新幹線やリニア中央新幹線の沿線は、MaaS や、その後に続く技術・サービスの大転換をイメージして、開業準備を進める必要があります。つまりは、単純に道路や付帯施設を整備し、路線バスを走らせるといった対応ではなく、新たな視点や枠組みで、新たな交通網の社会的な「置き場所」を考える作業そのものが、新幹線対策の重要な柱になります。もちろん、整備新幹線が開業済みの地域の中で、沿線の交通がスムーズに機能していないところも少なくなく、同じ宿題を抱えている構図になります。

　これまで、多くの開業事例で二次交通の整備が叫ばれ、例えば新幹線駅と最寄りの観光地を結ぶ定期路線バスを新設する、といった試みが繰り返されてきました。しかし、逆に、開業時点で路線バスがなかった、あるいは姿を消していたのには理由や背景があります。新幹線開業に合わせて開設されたバス路線でも、利用が全く振るわず、自治体の助成がなくなると同時に姿を

消した事例は少なくありません。今、振り返ると、サインシステムとネット上の情報の収集・発信、利用者の動向、利便性までを網羅的に視野に入れ、トータルの改善を目指す「交通の再デザイン」という意識が、必ずしも発動してなかったことが理由の一つのように感じます。

　上記のような論点を踏まえた上で、①「新幹線効果」の範囲をどう認識、あるいは定義するべきなのか、②「新幹線＋二次交通」という視点から、「MaaS」という視点への切り替えに向けて、どのような点に留意し、どんな取り組みを展開していくことが可能なのか —— について、皆さんのご意見をうかがえればと存じます。

◉「起爆剤」とイノベーション、効果の検証

▷論点・仮説

　新幹線にまつわる、数々の言葉の中には、数十年にわたって使われるうちに、置き場所が変わってしまったり、行き場を失ったりしている言葉が少なくないと感じます。

　例えば、「新幹線を起爆剤に」という言葉です。建設促進や早期開業を求める集会などで、実に頻繁に接します。何らかの膠着状態を打破し、あるいは停滞または衰退に向かっている地域を一気に覚醒させたい、といったニュアンスは、別項で述べた「開業効果」を想起させます。

　しかし、少し落ち着いて考えると、実態のよく分からない言葉ではあります。これまでの事例では、開業がどんな「起爆剤」になったのか。そして、どんな副作用があったのか。消し飛んでしまったものはないのか。そもそも、「起爆」のプロセス、メカニズム、そして"有効期間"はどれぐらいなのか。

　開業地域の現状を見聞すると、そもそも「起爆」という言葉自体が、「地域づくり」の実態に似つかわしくない気がします。「100年に1度」というインパクトや話題性は、もちろん有効に活用する必要があります。しかし、同じ

「100 年」というタイムスケールを意識するなら、特に地理的な周縁部に位置し、人口や産業などの条件が不利な整備新幹線・ポスト整備新幹線沿線では、丹念に人のつながりや地域の持つ財産、資源を組み合わせることや、爆発的でなくても、何らかの質的な成長を目指していける地域社会をつくる意識の方が、より重要なことに感じられます。

　「起爆剤」と似たような響きを感じる言葉に、例えば「成功の方程式」といった言い方が挙げられます。「成功」も「方程式」も、今の日本社会では置き場所に悩む言葉という印象があります。特に、これからの社会では、「方程式を学び、その解き方を学ぶ」という方法は恐らく通用しないのでは、と感じられてなりません。必要なのは、地域の実情に合わせて「自分たちなりの方程式をつくる」営みではないか、と。

　特に、新幹線開業をめぐっては、都市、交通、観光などさまざまな領域にまたがる政策課題をパッケージ化して考える必要があります。その点に留意すれば、つくらなければならないのは連立方程式であり、また、実現しなければならないのは「政策の足し算・かけ算」であるとも言えます。

　他の項目でもたびたび言及していますが、高速鉄道・高規格鉄道である新幹線は、「大量に、多くの人を、高速かつ安定的に運ぶ」ことに特化した乗りものです。一方、その沿線地域の側は、抱えている地域課題・悩み、人口、基幹産業、都市構造、さらには大都市圏からの距離や周辺地域の構造など、文字通り千差万別です。

　となると、やはり、誰かに方程式をつくってもらったり、誰かがつくった方程式を地域にあてはめようとするよりは、自分たちで自分たちなりの方程式をつくる方が、手間暇がかかっても、ストレスや無駄が少ないような気がします。自分たちがつくった方程式なら、それが実際にどの程度、有効だったか、確かめることができるでしょう。大まかに言えば、開業で何が起きたか、何を起こせなかったか、といった自己評価・検証への道が開けるように感じます。

ただ、これらは、非常に難易度の高い営みとなります。他の項目で触れていますが、先行きの見えない環境下、新幹線がもたらし得るさまざまな変化や、地域に引き寄せられそうなベネフィットを想定することは、たやすいことではありません。

　結果的に、これまでの開業事例を思い起こせば、あるいは現時点での各地のサイトをみる限りでは、一般の人々に向けて「新幹線の整備効果」として記載されてきた内容は、地名と「時間短縮効果」の数字を除けば内容がかなり似通っています。もちろん、開業対策の詳細な構想・計画には、具体的なインフラ整備や施策が並びますが、おおもとの部分で、各地域が自らにカスタマイズした「新幹線がある未来」を描くのは、やはり難しい、と実感します。

　さらに、「地域の"壁"発見器」の項目でも触れたように、新幹線開業準備には、いわばトレードオフといえる要素があります。遠い将来のことは、ディテールが分かりにくいので、記述が曖昧にならざるを得ない。しかし、開業が迫るほど、具体的な情報が入手され、または構築可能になる一方で、選択肢が絞り込まれてきたり、時機を逸する施策が出てきたり、準備に忙殺されて手が回らなくなったり…といった状況です。

　ともあれ、「起爆剤」や「方程式」といった言葉を使うほど、議論や対策が、地域の特性や固有の事情からも、「自分たちにとって最も有益な開業とは何か？」という問題意識からも離れていくような印象があります。

▶問いかけ

　上記の流れで、イノベーションについて触れます。本書の執筆を始めた後、友人の一人から「新幹線開業に際して、青森県ではどのようなイノベーションが起きていたのか？」という質問を受けました。しかし、とっさに答えが出ませんでした。

　特性が一見、分かりやすいようで、しかし、間口の広さと奥行きの深さから、

対応が一筋縄ではいかない新幹線は、ひょっとしたらイノベーションと相性が悪いのかもしれない…。少し考えた後、そう答えました。

　（イノベーションはさまざまな定義ができますが、このやり取りでは、技術革新の意味に限定せず、「異質な技術やスキルの出合い・組み合わせによる、新たな製品やサービス、ビジネス、仕組みの創出」といった意味合いで使っています。）

　このやり取りの中でふと、私淑している研究者の大先輩の言葉を思い出しました。社会人院生時代、「新幹線開業の効果を生かすノウハウを持っているのは国だけだ。多くの自治体は、それを持っていない」と指摘されたのです。しばらくの間は、もやもやしつつ、その意味が分かりませんでした。しかし、新聞社を離れてようやく、その意味を私なりに咀嚼できた気がしています。

　地方が持っている人材や情報は、その土地に根ざしたものであるという点で比類がない強さを持ちます。しかし、国に比べれば部分的なものです。加えて、全国新幹線鉄道整備法が議員立法で制定されたように、時には法制度を変えてでも産業の構造を変化させ、ものの流れや仕組みを進化させていくような営みは、地方自治体にはなかなか手が届きません。

　何より、地方・沿線の立場にしてみれば、世界観や情報にいくつもの「空白」を抱えている事情が大きいように感じます。全国各地の新幹線開業対策を視察し、総合的に俯瞰すれば、新幹線が持つポテンシャル、換言すれば「空白を埋める力」は、ある程度は想像でき、準備作業も進めることができるでしょう。しかし、現実には、他地域の視察を重ねたとしても、「空白を埋める力」をリアルに想像し、地域政策に流し込む作業は容易ではありません。

　結果的に、先例をなぞる形、いわば過去から未来を外挿する形で、さまざまな施策を展開せざるを得なくなるのかもしれません。

　加えて、新幹線開業に際しては、「恒例」とも言うべきさまざまなイベント、特に観光客誘致のキャンペーンが展開されます。特に開業1年前から開業の

1年後の時期は、お祭り騒ぎのような日々が続き、予定していた開業関連のスケジュールをこなすだけで精いっぱいになりがちです。いわば、新幹線に地域社会が振り回される懸念があります。

それでなくても、"大きく長く速い"新幹線は、個別の地域の事情を斟酌しづらい乗りものです。もちろん、新幹線を移動に利用する企業がイノベーションを起こす期待は相当に高まるでしょう。とはいえ、新幹線沿線でイノベーションの事例が湧いてくる、といった情報は、まだあまり聞こえてきません。

地域によって差はありますが、開業前後の時期をみる限り、整備新幹線そのものとイノベーションとの相性は、あまりよくないように見えます。もちろん、新幹線の属性というより、地元側が、開業準備に多くの労力を割かれてしまうからなのかもしれません。または、イノベーションの経験がない、あるいは差し迫ったイノベーションの必要性を感じていない企業や組織が多いせいなのかもしれません。他の項目でも触れましたが、新幹線開業を主に「現状維持の手段」と考える人が多いのかもしれません。さらにひょっとしたら、イノベーションにかかわる企業や組織は、新幹線の有無にかかわらず、既に全国を駆け巡っており、新幹線開業そのものが、何らかの行動を起こす契機となりにくいのかもしれません。

とはいえ、新幹線があれば、それまで組めなかった日程が組めるようになり、イノベーティブな環境が整うことは間違いありません。中長期的にみれば、さまざまなイノベーションが沿線で起きているはずです。

少し長いスパンで、「イノベーションと新幹線」の関係についてウオッチし、情報を整理する必要性を感じます。皆さんの近くでは、いかがでしょうか?

◉必要条件と十分条件

▷論点・仮説

前章で、「新幹線効果と開業効果」を区別する試案を提示しました。また、

前項までに、沿線地域自らによる「空白を埋める力」、自己評価について言及しました。

　これらの議論に関連して、新幹線がもたらす変化や地元が受ける恩恵をめぐっては、「必要条件」「十分条件」という視点からの整理も有効かもしれません。2019年10月、北海道・登別温泉で開かれた経済地理学会のシンポジウムで提起したところ、この整理には一定の反響がありました。

　新幹線の建設は、迅速かつ安定した移動を提供する意味で、地域の経済活動や生活の質の向上に大きな恩恵をもたらし得ます。ただ、どこまでどう活用できるか、その可否や程度は住民・利用者、企業の側の事情や判断次第です。その意味で、新幹線は手放しで歓迎できる恩恵をもたらすというよりは、地域が目指す姿へのアプローチを手助けする「必要条件」としての意味合いを持つと整理できそうです。

　では、「十分条件」はどう考えるか。現時点では、沿線地域がそれぞれ、「自分で考え、設定する」という考え方しか、有効な手法がないように感じています。

　再三、言及してきた通り、新幹線は迅速かつ安定的に、大量の人を運ぶ手段です。一方で、地域の事情や環境は千差万別で、新幹線がもたらしたどのような変化や状態が、地元の人々にとって「幸福」なのか、部外者が判断することは困難です。

　もちろん、地域によっては、新幹線開業と同時に、例えば特急列車の廃止や新幹線駅の郊外立地といった、地元が望まなかった展開を強いられることもあります。これらは、「負の十分条件」、あるいは「地元の不利益を確定させる十分条件」とでもいうべき環境・条件かもしれません。

▶問いかけ

　既に新幹線が開業した地域、そしてこれから開業する地域において、「新幹線がなければ構想、実現できない未来」は、どんな要件を必要とする、どん

な未来でしょう。そして、そのような未来について、新幹線という必要条件と、地元が用意すべき十分条件は、どのように整理されるのでしょう？

◉人口減少社会と「行ったり来たり社会」

▷論点・仮説

　お金や人口が緩やかにでも増え続ける社会は、何かにつけ仮説や目標、目的を立てやすい社会と言えます。

　たとえ割合は微々たるものでも、人口に限らず、ポジティブな「何か」が増えていく状態は、多くのものごとにつながります。

　まず、さまざまなトライアルに挑みやすい、つまり積極的な変化を志向しやすい環境です。新たに「増えていく」分を、その都度、テストや挑戦に回せるということです。予想通りの展開に至らなくても、やり直しが利き、また、仮に失敗したり競争に敗れたりしても、皆が「やり直せる」と信じればこそ、切磋琢磨し、さらには競争原理によって「ゆくゆくは社会全体がよくなっていく」という期待を持ちやすくなるでしょう。

　一方、「減少」はネガティブな感覚、「きょう、手にしていたものが、明日は失われるかもしれない」という怖れにつながります。実害がどれだけあるか、よりも、将来に対する悲観は、努力の意思やイノベーションの機会を奪う点で、悪循環を拡大する作用を持ち得ます。

　このように考えると、人口減少社会とは、地域のバージョンアップが難しい社会、と読み替えることもできるでしょう（もちろん、「ピンチを最大のチャンスに」という視点から、起死回生を図って成功する事例も期待できますが…）。

　このような視点の延長で、新幹線やその沿線について考えてみます。

　かつての高度経済成長時代、そして人口が増え続けていた時代なら、航空機など競合する交通手段から新幹線に旅客が流れても、地域におおきなダメージが残ることなく、新たな均衡点が生まれたかもしれません。しかし、今日、

一つの交通手段が極端に衰えれば、そのこと自体が地域に大ダメージを与え
かねません。新幹線の「成功」が地域にとっての「幸福」にどこまで直結す
るかは、少し慎重に検討する必要があるかもしれません。

　また、「善政競争」や産業・観光施策で沿線同士が競い合えば、人口や産
業力に凹凸ができ、その結果、「勝ち組」（この言葉については他の項目で再
検討しています）が生まれることがあります。それでも、「増えていく社会」
なら、「勝ち組」になれなかった地域も、それほど悲観する必要はないでしょう。
「やり直せばいい、そうすれば、きっと巻き返せる」と皆が信じられる、そん
なストーリーを共有できる。かつての日本は、そんな社会だったような気が
します。

　しかし、人口減少社会では、そうはいかない可能性が高くなります。定住
人口にせよ、交流人口にせよ、限られた人口の奪い合い、ひいては「未来」
の奪い合いの様相を帯びます。

　10年ほど前、友人のある記者が嘆いていました。「ある県庁の観光客誘致
の話を取材に行ったら、皆、目が『¥』マークになっているんですよ。生き
がいの話とかはなくて、本末転倒というか…。要は、経済が回らないから、
人をかき集めなくては、と。身もふたもない…」。たとえの絶妙さに一瞬だけ、
笑いが浮かび上がりましたが、すぐに、心細い気持ちになりました。

　その後、この、目が「¥」マークになったやりとりは、人口の減少と偏在
の加速にともなって各地へ拡大し、増幅していったように見えます。

　このような状況や展開にいたたまれず、私は、「行ったり来たり社会」とい
う言葉を —— そのときは、実は苦し紛れに —— 考え出しました。2014年9月
4日のことです。

　この日、仙台市の東北活性化センターが、1年半後に迫った北海道新幹線
開業をめぐって、同市でシンポジウムを開きました。私は青森県唯一の観光
カリスマ、五所川原市の角田周氏に声を掛けられ、登壇していました。

「仙台市が道南とつながれば、東日本の大半のエリアを仙台がカバーすることになります。新函館北斗駅から最も時間距離が近い政令指定都市は仙台市になるなど、有形無形のメリットが生まれるはず。仙台の駅頭やその周辺で『北海道』の文字が踊る、その場面がもたらすどのようなイメージの変化をもたらすか、想像力と構想力を」と指摘したのですが、聴衆の表情からは、盛岡市や八戸市、青森市と同様に「南、つまり東京を基本的に見ている街」の空気が感じられました。

　それでも終了間際、「櫛引さん、要するに、どんな社会を新幹線でつくれると思うんですか?」という趣旨の質問がフロアから出てきて、少し慌てました。北海道新幹線に関しては、答えがまだ空白だったからです。しばし考え込み、咄嗟に口から出てきたのが、この「行ったり来たり社会」でした。

　「若者を各地で取り合ったら、体がちぎれてしまう。何より、地域の人柱のように若者を欲するところは、真っ先に若者が忌避する。若者に分身の術を使ってもらうしかない」。そんな趣旨のことを答えた記憶があります。それが起点になったのか、実は無意識のうちに考えていた話が口から出たのか。ともあれ、「行ったり来たり社会」は私にとって重要なキーワードになりました。

▶問いかけ

　その後、各地で調査を重ねるうち、「行ったり来たり社会」が既に展開していることを確認できました。自分の見立てが必ずしも的外れでなかったらしい、と胸をなで下ろしました。

　例えば、青森県の今別町は人口約2,400人、北海道新幹線の奥津軽いまべつ駅があり、地元によると「(人口規模が)最も小さい新幹線のまち」といいます。高齢化率は50%を超え、青森県内では最も人口減少と高齢化が著しい地域です。

　それでも、この町には北海道新幹線開業以前から、多くの若者が全国から

集まり、町の伝統芸能「荒馬踊り」を継承していました。偶然、町を訪れた大学生が荒馬踊りを教わり、足しげく通うようになって、やがていくつものルートで夏祭り「荒馬祭り」に県外の若者たちが集い始めました。今では北海道新幹線などを使い、町の人口の1割ほどが、荒馬祭りにやってきているようです。しかも、祭りの見物ではなく、大半が「担い手」として参加しています。地元も集会所を整備するなど、受け入れに多大な労力を割いています。

　人口を奪い合うのでなく、通ってもらい、地域が最も大切にしているものを守るために、力を出し合う。これは、新幹線を利用できる地域や、その隣接地域の人々が目指す、一つの到達点のように見えます。

　もう1例、北陸新幹線の沿線では、富山県出身の女性が、東京で働き始めた後、新幹線開業を契機に「10% for HOME」という活動を展開していることを知りました。東京と富山を行ったり来たりしながら、「自身の幸せのため、人生の10%をふるさとに使う」という生き方です。戻るたびに故郷を再発見し、つながりをつくりながら、新たな「人生の豊かさ」を創出しているように見えます。

　2015年、空き家関連のヒアリングで訪れた富山市は、域外からの移住者を優遇する「多地域居住支援」を始めていました。2019年に再訪した際、市内では「はっきりした統計はないものの、首都圏と富山を行き来している人にしばしば出会う。相当に増えていることは間違いない」という証言も得ました。

　これらと軌を一にして、月額4万〜5万円で全国各地の拠点に住み放題になるサービス、さらには航空券と組み合わせたサービスが発表されるなど、「移動＋多地域居住」を前提としたビジネスも加速しています。

　このような動きを視野に入れると、新幹線沿線で交わされている「交流人口」や「関係人口」といった言葉は、今後、どのようにリアリティを帯び、あるいは、どのように変容していくのか、注目されます。同時に、長く新幹線の建設促進運動に携わってきた人や組織が、このような世界観や社会観をどう採り入

れて、運動をバージョンアップしていくのかが気になります。

　個人的には、東海大学の河井孝仁教授が提唱しておられる「地域参画総量」の考え方に強く賛同しています。人口が減少しても、地域に住むひとりひとりの地域活動量が増大すれば、地域としてのポテンシャルは落ちない、さらには、来訪者が積極的に地域活動に参画すれば、さらに地域全体の活動量は多くなる ── という考え方です。

　加えて、「Society5.0」が目指す、人の営みとサイバー空間の融合、そしてそれを出発点に構想される生き方、働き方などにも注目しています。

　いずれにせよ、ともすれば新幹線の沿線・近くで見え隠れする、「20世紀の着想、昭和の感覚」を一刻も早く解消していく必要性があるように感じられます。読者の皆さんはいかがでしょうか？

◉新幹線と言葉の作法

▷論点・仮説

　新幹線をめぐっては、しばしば耳にする機会があり、一見わかりやすいように思えて、実は意味をつかみづらい言葉や、多様な解釈ができる言葉、さらには、2020年代の日本社会では置き場所に困るような言葉にしばしば出合います。

　例えば、本書でもたびたび言及している「交流人口」「関係人口」という言葉も、多義的に使われていて、解釈が人や組織によって微妙に異なります。というか、大づかみのコンセプトとして、あえて厳密な定義抜きで使われ始め、後になって定義がついてきた印象があります。

　交流人口については、内閣府のサイトで「観光客や二地域居住者」という解説がついています。しかし、それなら「人口」という語句はむしろ紛らわしく、「来訪者／準定住者」、あるいはいっそ「交流者」とでも記した方が、すんなり意味が通ります。一方、自治体などが開設している整備新幹線関連

サイトでは、「交流人口」を、「新幹線駅から一定の時間距離内に住む住民の数の総計」という意味でしばしば使っています。こちらは「人口」という語句がなじむものの、「交流可能人口」あたりの表記が落ち着きそうです。

「関係人口」も同様です。総務省のサイトでは「地域や地域の人々と多様に関わる人々」という解説がついています。こちらも、「人口」という語句に、何となく違和感を抱きます。

どちらにも共通しているのは、「人口」という語句を添えることにより、一定規模または一定数の「人のクラスタ」を想定しているように感じられる点です。裏返せば、一人ひとりの生き方や価値観については深入りしない印象を抱かせる、あるいは深入りする際には使いづらい語句と言えます。

同様の違和感は、新幹線の沿線地域が「旅行者」「観光客」という言葉を使う際にも抱くことがあります。新幹線を利用する人も観光客も、細かく見れば千差万別で、1人ひとりの移動や観光の目的、観光地で感銘を受ける事物は異なっているはずです。しかし、地元は往々にして、1人ひとりの個性や特性を捨象した、いわば「標準的観光客」という目線や感覚で対策を論じがちです。

これはこれで、無理もないことで、20世紀まで主流だった団体型観光への対策の名残が、今なお残っている、とも理解できます。

ただ、国内外とも、個人型の観光がこれだけ浸透してしまうと、上記のような感性と理解ではとうてい、対応はできません。

ほかにも、分野は違いますが、整備新幹線沿線では違和感が残る言葉遣いがいくつかあります。

例えば、これもよく使われる言葉ですが、「開業はゴールでなくスタート」。実際、この言葉は間違っていないのですが、そう呼びかけていた役所が、開業年度限りで新幹線担当部署を廃止してしまうなど（他項でも言及しました）、肝心の行政自身が「開業＝ゴール」と設定している様子が分かってしまう例

もあります。言葉そのものは悪くないのですが、あまり長いこと使われると、内容が浸透しにくい気もします（ちなみに私自身は「開業は入学式、その後は卒業のない学校生活」といった言い方をする機会が増えています）。

これもしばしば耳にする、「新幹線は、努力した人にのみ恩恵をもたらす」という言葉も、少し掘り下げると違和感がわいてきます。他の項目でも触れましたが、新幹線開業がもたらす変化の半ばは予測・予見可能で、半ばは困難です。「新幹線は、努力した人に恩恵をもたらすことがある。努力がなければ恩恵を期待すべきでない」といったところでしょうか。そもそも、業種や業界がもともと、新幹線とほとんど接点がない企業も少なくありません。アンケートで「新幹線への期待値」を図ったりする際は、これらの企業の存在にも留意して分析する必要があるでしょう。

個人的には、「努力した者が恩恵を享受するのではなく、新たな環境を活用する能力や機会に恵まれた者に恩恵が及ぶことがある」という言葉がしっくりきます。

これらの言葉を並べていくと、どうも「コピペ」、つまり、他地域や他の場面で使われていて、説得力を感じたため、「そのままコピーしてきて、地元で貼り付けた（ペーストした）」ように見える場面が少なくありません。

でも、これは、他の項目でも述べた「方程式」という言葉・考え方と同様、本書で扱ってきた「21世紀の新幹線」にはそぐわないような気がします。半ば意地でも、「当地の人、状況に最もふさわしい言葉を紡ぎ続ける、その営みのスタートとして開業を紐付ける」というフォーマット（作法）をつくるぐらいの気概がないと、新幹線の活用は困難ではないかと案じられます。

▶問いかけ

個人的にとても気になっている言葉が、先にも述べた「ストロー現象」です。直感的に都市間競争の優劣を表現する言葉に見えて、実は、半ば実態のない、

それでいて、かなり頻繁に用いられている言葉です。新幹線の開業は、1982年の東北（盛岡以南）、上越両新幹線から1997年の長野新幹線まで、15年のギャップがあります。この間に、日本の都市の構造や商業環境は大きく変わりました。しかし、「ストロー現象」という言葉は、1980年代のイメージをそのまま引きずっているように見えます。

　かつての定義はさておき、今、「ストロー現象」の記述や分析に有効な指標を考えるとしたら、何なのでしょう。また、どんなメカニズムで「都市間競争による優劣」が発生しているのでしょう。従来なら、中心商店街や百貨店の消費額、観光、飲食、宿泊などの指標が有効だったでしょうが、それは今、どの程度、有効なのでしょうか（先述のように、加藤・2015が、この問題に切り込んでいます）。また、医療や福祉、教育といった要素で、新たに加えるべき概念や指標はないのでしょうか。

　これら以上に、最も気になり、使い方を慎重に考えるべきだと感じているのは「発展」「開発」といった言葉です。人口も経済も右肩上がりで増加し、成長していた時代の空気を醸し出しているためです。これらの言葉を使っているうちは、裡なる「成長神話」から脱却できないのでは、と、気になってしかたありません。

　これから先の日本は、見かけ上、もしくは数字上の「成長」とはいったん決別し、「真に持続可能な社会」への移行を心底、追求していく必要性を痛感しています。

　硬直した感覚から脱出するには、まず、無意識のうちに使い、取り込んでいる言葉の呪縛を離れること、つまりはいくつかの「NGワード」を意識することから始めてはどうか、と考えるのですが、いかがでしょうか。

◉ 「絶えざる最適化」と時間のスケール

▷論点・仮説

　各地で新幹線に関するヒアリングを重ねるうち、さまざまな「ずれ」が目につくようになりました。

　例えば、自治体には5年、10年単位の「計画」があり、中期的な流れをみながら各種の業務を構築、遂行していきます。しかし、市民の側は、暮らしの中で、それほど長いタイムスパンで考え、行動する機会はあまりありません。いわば、時計の軸が、行政と市民との間でずれていると感じることがままありました。

　それが最も分かりやすく可視化されるのは、やはり開業の前後でしょう。

　自治体や経済団体の立場では、「開業3年前」といえば、ほぼ「直前」というイメージに違いありません。さまざまな準備、予算措置、そして開業後をにらんだくさまざまな施策を考えれば、最も慌ただしい時期かもしれません。

　しかし、この時期、目に付くのは新幹線駅や線路の建設工事です。一般の市民にとっては、新幹線開業は「まだ先のこと」に違いありません。市民の側で新幹線開業が「間近」と感じられるのは、駅舎が姿を現し、やがて列車名、所用時間・停車駅などのダイヤ、運賃が発表になった段階でしょう。

　「市民の目線」から非常に大雑把に模式化すれば、「開業1年前」にようやく、懐疑的な声を挟みながらも、「開業ムード」が高まります。さまざまな催しや企画に「新幹線開業にちなんで…」という枕言葉が付き始める時期です。「あと1年」というムードを鼓舞しようと、メディアや自治体、経済団体も活動を活発化させます。

　続く開業年度は、ほぼ「お祭り騒ぎ」に終始し、新たな議論や取り組みがわき上がる余地はほとんどないように見えます。このにぎわいは、おおむね開業1周年まで続き、やがて、デスティネーションキャンペーンなどの終了

第3章

未来に向けて

133

に伴って収束に向かいます。

　（北陸新幹線の金沢市は、このような展開から例外的に、観光客の入り込みが続いた事例だと考えています。）

　自治体や経済団体のスタンスにもよりますが、「開業前」「開業」「開業後」の、嵐のような３年を過ぎた時期が正念場になります。さまざまな予算措置が一段落し、また、市民の多くは「イベントとしての新幹線開業が終わった」という感想を漏らし始めます（前述したような、「卒業がない課題としての新幹線対応」が意識されることはあまりなく、どこまでも「イベント」として認識し、処理されてしまう事例が目立つように感じています）。

　このような現状を変えようにも、それほど簡単にはいきません。持ち合わせている「時計の針」や、新幹線開業に対する意識が最初からずれている可能性があります。何より、「認識のずれ」が存在していることに、誰がどの程度、自覚的か、さらに言えば、「認識のずれ」をただす必要があると感じているか否か、といった論点も立ち上がります。

　加えて、このような「ずれ」は、行政と市民の間にだけ存在する訳ではなさそうです。

　2018年、JR九州本社にヒアリングにお邪魔した際、対応してくださった方は「絶えざる最適化」という言葉を口にしました。鉄道事業者としては、当たり前すぎる言葉です。しかし…自治体をはじめとする沿線の側では、このような発想も、それに基づく行動も、極めて起きづらいだろう、と想像される言葉でした。

　20世紀の行動原理を抱え続けている多くの組織は、ひたすら「現状維持」または「次の段階での現状維持」に向けて、さまざまな行動の方向性を設定し、また、個別の案件に対応しているように見えます。

　換言すれば、「現状維持」もしくは「現状をできるだけ変えない」という行動原理が、多くの組織に浸透しきっているように見えます。

しかし、JRのような大手の鉄道事業者は、そうはいきません。さまざまな角度から、「所与の条件」を自分で確認し、変わること、変わり続けることを苦にせず、時には批判やリスクを覚悟で、「絶えず成長し、あるいは適応し続けること」を自らに課す必要があるのでしょう。

▶問いかけ

新幹線開業と社会のありようを考える際、＜社会×自分＞×＜変わる×変える＞という軸からなる、4種類の組み合わせがあるように考えています。

黙っていたら「社会がどこまで変わる」か。では、「社会を何らかの形で、どう変える」か。自分自身はどう変わるのか。自分は ── 自分自身を含めて ── 何をどう変えるのか。

このような組み合わせを考えつつ、鉄道事業者側の「絶えざる最適化」をめぐって、議論や情報交換できる仕組み、体制を、自治体側がどう整えるか。

自治体にとどまらず、経済団体や市民団体、個々の市民も、今一度、「絶えざる最適化」という言葉について、反芻し、考察を深める必要性を感じます。いかがでしょうか？

◉ 「新幹線時代」にどう向き合うか

最後の項目は、本書の主張を要約し、記すことにします。以下の文章は全体が私の「仮説」です。

◆　　　◆　　　◆

新幹線は「巨大な条件変更」をもたらす。その半ばは、事前に予測可能だが、半ばは予測困難である。一方、新幹線開業がもたらす変化は、狭義の経済的効果に主に目が向けられる半面、地域の経済的マインドやシビック・プライド、教育など、経済的効果を「生み出すひと・もの」には必ずしも関心が向けられていない。加えて、経済的な効果以外の、市民生活の質（QOL）、医療・福

祉といった分野の変化には、ほとんど関心が向けられていない。

　新幹線はもともと、巨大さゆえに、個別の地域の課題解決になじみにくい一面がある。決して万能の存在ではない。加えて、開業を迎える地域の側も、上記のように、新幹線にフィットした問題意識や組織、工程表を構築できないことが一般的である。さらに、破壊的イノベーションの登場、世界的な政治・経済状況の変化など、新幹線沿線のみならず、日本全体にかかわる、予見困難な状況もある。つまり、新幹線を取り巻く環境は、少なくとも三層の課題を抱えていると言える。

　このような環境を克服して、新幹線を活用することを考えるなら、いくつかの準備作業が必要である。

　まず、地域が既に抱えている課題、これから抱えると予測される課題、さらには実現したい政策について、新幹線との関連を（再）整理していく作業である。政治的、歴史的経緯によって抱え込んださまざまな呪縛や思い込をいったん振りほどき、再構成するだけでなく、これまでにない、新たな世界観や方法論をつくる意識が欠かせない。

　さらに、アジェンダ（課題）の（再）設定が欠かせない。最上位の目的として「持続可能な地域づくり」を明示し、SDGs（持続可能な開発目標）も視野にいれた上で、「多くの施策や事業は、その目的を達成するための手段である」という意識をまず徹底する。加えて、見かけ上の「にぎわい」や「消費額」にとどまらず、地域経済循環率なども考慮して、適切な社会的、経済的指標を選定する。

　これらは、新幹線開業をこれから迎える地域のみならず、既に開業済みの地域についても、有効な作業となり得る。

　個別、具体的な「対策」は、各地域の実情に応じて、住民自らが検討し、策定、実施する。この際、重要なことは、過大あるいは的外れな幻想を抱かないこと、一方で過小評価もしないことである。「悩み苦しみながら、70％程

度の精度で絶えず、現状の検証と対策の再検討を繰り返すこと、いわば“立ち止まらないこと”」も同程度に重要である。何より重要なのは、「新幹線開業への『対策』を講じる」という意識から、「新幹線がある新たな世界の想像、創造」へと意識を進化させることである。

　以上のような視点に立つ、一連の営みへのアプローチを、「新幹線学の構築」と名付けられないか。

あとがき

　本書の刊行は、いくつかの偶然が重なり、2020年に実現しました。本来なら、もっと内容を練り、構成を熟考してから世に出すべきだったのかもしれません。しかし、何とか、この年に刊行したい理由がありました。新幹線の年表の中で、いくつもの節目に当たる年なのです。

　まず、2023年春の北陸新幹線・金沢－敦賀間の開業まで3年、いよいよ準備が佳境に入ります。また、リニア中央新幹線は2027年の開業まで7年、インフラの整備構想の検討が大詰めを迎える時期です。北海道新幹線・新函館北斗－札幌間は、2031年の春まで11年とまだ時間があるものの、札幌駅の整備は、そろそろ検討のタイムリミットといいます。

　一方、開業済みの路線に目を転じれば、北陸新幹線・長野－金沢間は2020年3月に開業5周年を控え、沿線ではこれまでの歩みの検証が進んでいます。北海道新幹線・新青森－新函館北斗間は同月、開業5年目に入り、検証の好機となります。加えて、東北新幹線と九州新幹線・鹿児島ルートはともに、年度でみれば全線開通10周年の節目が訪れます。これらの路線も、沿線の変化をいま一度見直し、今後の施策を再検討する時期です（これまでの経験上、開業から5年もすぎると、新幹線を見直す機運そのものが急速に薄れていきます）。

　本書の狙いは、知識やノウハウを世に出すことではなく、いわば、「対話と議論のテーブルをつくること」です。ただ、まだテーブルの形も、大きさもふわふわしています。何より本書では、これまで見聞してきたことのごく一部しかまとめきれておらず、透き間・空白だらけです。今後、定期的に再構成し、加筆修正していければ、と考えています。そのために、リアル社会で

の「フォーラム」や、オンラインのフォーラムなども企画したいところです。

　上記の節目に当たる各地で、本書をたたき台に、誤りや記述不足を加筆修正し、一方で余白・空白を埋めながら、皆さまの知見と議論、知恵で、いくつもの新たな「対話と議論のテーブル」をつくっていただければ幸いです。

　ここで備忘的に、私が新幹線取材・調査を経て手に入れた「物差し」について触れます。

　私は記者時代、整備新幹線問題を皮切りに、平成の大合併、人口減少社会といったテーマを長期的に手掛けました。どれも間口が広く奥行き深く、一筋縄ではいかない、連立多元方程式のようなテーマでした（もちろん、地域社会の側からみれば、新幹線も市町村合併も人口減少も、問題の根っこは一つにつながっています）。

　これらの取材を通じて、いつごろからか、「言葉の物差し」セットが生まれてきました。私と対話してくださった、とても多くの方々との共同作業を通じて、わきあがってきた言葉です。

　　①目的と手段
　　②当事者感覚と当事者能力
　　③好き嫌いと善し悪し
　　④できること、できないこと、できるけれどしてはいけないこと／変えられるもの、変えられないもの、変えてはいけないもの
　　⑤普遍性と個別性

　①は、文字そのままで、ものごとの「真の目的」を見極めること、あるいは「手段の自己目的化」を見破ること。②は、ある問題をめぐって、「わがこと」として考える感覚の有無を考えること、併せて、問題を解決・克服できる能力の有無・所在・組み合わせを考えること。③は、「感情」と「論理」の区別や

あとがき

組み合わせを考えること。④は、数式でいえば「変数」と「定数」の関係性に、物事や課題をあてはめてみること。⑤も、文字そのままで、ある課題がどこまで普遍的で、個別的なのか、要素を分解して考えること――です。

　これらの言葉は、各地での講演等の際にも紹介してきました。また、本書の執筆に際しても大きく役に立ちました。各地の新幹線関係の問題や地域課題に対処する際も、それなりに役立ちそうです。ぜひ、お試し下さい。そして、改良案をご示唆下さい。

　末尾になりましたが、この20年、大学院や学会、研究会、さらにはFacebook等でご指導ご助言いただいた皆さま、特に弘前大学大学院地域社会研究科の指導教員である北原啓司教授・研究科長、同研究科の講義や研究活動でご指導をいただいた山谷清志・同志社大学教授、博士論文執筆に際し有益な示唆を多々、頂戴した高崎経済大学の戸所隆名誉教授、東北大学地理学教室の大先輩で貴重なご助言をいただいた今野修平先生、記者時代から転職直後の時期、貴重なご助言と激励を頂戴した法政大学の故・舩橋晴俊教授、そして北海道新幹線研究連絡会の皆さま、あおもり新幹線研究連絡会の皆さまに、心より感謝申し上げます。

　また、東洋経済オンライン編集部の大坂直樹氏、小佐野景寿氏、橋村季真氏には、連載「新幹線は街をどう変えるのか」の執筆機会をいただき、さらに記事掲載の都度、貴重なご意見とご示唆を頂戴し、厚く御礼申し上げます。

　最後に、本書の企画に対し、力強く背中を押して下さった古今書院の原光一氏に、心より感謝申し上げます。

　（Facebookでディスカッションにご参加いただいた皆さまのお名前は、別に記載させていただきました）
　　2019年12月

　　　　　　　　　　　　　　　　　　　　　　　　　　　　櫛引　素夫

☆ Facebook グループで議論・対話にご協力いただいた皆さま（順不同）

平原 匡、永澤 大樹、竹内 紀人、内海 巌、Masaki Kimura、南 茂樹、久保田 圭、福井 邦幸、古賀 桃子、本田 政邦、西田 靖夫、Ryuuichi Yoneyama、大井 尚司、大谷 友男、舟根 秀也、Hiroshi Hashiba、北原 利行、明神 功、Tsubasa Yoshitsugu、小川 明、飯田 俊郎、工藤 千夏、Hiromi Sato Yamauchi、畠山 智、番地 久、坪田 豊和、小石 克、岸 邦宏、田代 雅彦、月岡 岳、Motoya Nishimura、新藤 博之、宮本 南吉、西村 裕司、藤沢 和弘、植 遥一朗、久芳 康朗、坪田 知己、舘山 大、有村 友秀、筒井 隆彦、高橋 章郎、清水 雅彦、筒井 文彦、大原 真一、内田 敏明、工藤 歩、山岸 拓巨、福留 一郎、神山 玄太、松下 周平
（表記はご本人のご希望、もしくは Facebook グループでの登録名に従いました。許諾をいただけなかった方は、感謝の意を表しつつ割愛しました。なお、このグループに参加したこと自体が、筆者の意見に賛同したことを意味する訳ではなく、また、Facebook グループで筆者の見解に異論を唱えなかったからといって、本書の見解に同意、またはそれを容認したとは限らないことを付記しておきます。）

※本書は 2019 年度の青森大学教育研究プロジェクトの助成を受けて刊行しました。

参考文献

*書籍・論文等ともごく一部のみ記載。筆者の詳細な文献リストは ResearchMap をご覧下さい。

▽書籍

小里貞利『熱き戦いの日々』、東京貞山会出版部、386p、1993 年

小里貞利『新世紀へ夢を運ぶ 整備新幹線』、文藝春秋企画出版部、253p、2007 年

佐藤信行『新幹線の歴史：政治と経営のダイナミズム』、中公新書、343p、2015 年

上越市『21 世紀に残る乗りもの 新幹線』、交通新聞社、330p、2002 年

『人生八十年－前青森県知事北村正哉の軌跡』、同書刊行委員会、424p、2000 年

田中角栄『日本列島改造論』、日刊工業新聞社、219p、1972 年

塚田國之『地域起し成功への条件』、マルイチ中央研究所、40p、1994 年

『新幹線ほくとう連携研究会研究報告書』、同研究会、265p、2016 年

鶴通孝『整備新幹線』、鉄道ジャーナル社、304p、2019 年

戸所隆『地域主権への市町村合併』、古今書院、171p、2004 年

藤沢和弘『北陸新幹線レボリューション：新幹線がもたらす地方創生のソリューション』、交通新聞社新書、210p、2015 年

舩橋晴俊ほか『「政府の失敗」の社会学：整備新幹線建設と旧国鉄長期債務問題』、ハーベスト社、285p、2001 年

平石和昭『新幹線と地域振興』、交通新聞社、190p、2002 年

本間義人『国土計画の思想』、日本経済評論社、254p、1992 年

矢田俊文『国土政策論＜上＞産業基盤整備編』、原書房、486p、2017 年

山之内秀一郎『東北・上越新幹線』、JTB、175p、2002 年

山谷清志『政策評価』、ミネルヴァ書房、258p、2012 年

▽論文等

有村友秀「鹿児島市中心部における都心機能の分布とその変容－九州新幹線開業による駅周辺開発に着目して－」、地理空間、12-1、pp.21-36、2019 年

加藤要一「九州新幹線開業によるストロー現象の予想と実際」、エコノミクス／九州

産業大学経済学会、19（3・4）、pp.29-44、2015 年

角一典「全国新幹線鉄道網の形成過程」、北海道大学文学研究科紀要、105、pp.105-
　　134、2001 年

ほくとう総研「ほくとう総研及び北東公庫の役割」、NETT、16 号、ほくとう総研、
1996 年、http://www.nett.or.jp/nett/pdf/nett16.pdf

▽鉄道・運輸機構の報告書等

鉄道・運輸機構「北陸新幹線（長野・金沢間）事業に関する対応方針」、2012 年、
　　https://www.jrtt.go.jp/01Organization/org/pdf/jk23-05-2.pdf

鉄道・運輸機構「東北新幹線（八戸・新青森間）事業に関する事後評価報告書」、
　　2016 年、https://www.jrtt.go.jp/01organization/org/pdf/jk27-05-2.pdf

鉄道・運輸機構「九州新幹線（博多・新八代間）事業に関する事後評価報告書」、2016 年、
https://www.jrtt.go.jp/01Organization/org/pdf/jk27-06-2.pdf

鉄道・運輸機構「北海道新幹線（新函館（仮称）・札幌間）事業に関する再評価報告
　　書」、2018 年、https://www.jrtt.go.jp/01organization/org/pdf/jk29-05-2.pdf

鉄道・運輸機構「北陸新幹線（金沢・敦賀間）事業に関する再評価報告書」、2019 年、
　　https://www.jrtt.go.jp/01organization/org/pdf/jk30-06-2.pdf

▽筆者の著作等

櫛引素夫「あらざる、等しからざるを憂えず－巨大開発が青森県にもたしたもの」、
　　地域政策、2005 年夏季号・第 16 号（三重県）、pp.25-31、2005 年

櫛引素夫、北原啓司「東北新幹線八戸開業が地元にもたらした経済的、社会的変化
　　と課題、弘前大学大学院地域社会研究科年報、2、pp.79-95、2005 年

櫛引素夫「新青森開業の準備はなぜ『進まない』か -- 東北新幹線の政策的な課題と
　　可能性」、地域社会研究／弘前大学地域社会研究会、(3)、pp.27-37、2010 年

櫛引素夫「『新幹線効果』を考える：八戸・弘前・青森」、地域社会研究／弘前大学
　　地域社会研究会、(7)、pp.135-145、2014 年

櫛引素夫「整備新幹線が地域にもたらす変化の検討－『存在効果』を中心に」、地域
　　社会研究／弘前大学地域社会研究会、(8)、pp.136-145、2015 年

櫛引素夫「整備新幹線をめぐる沿線の『自己評価』について―新しい独自の指標
　　づくりは可能か―」、地域社会研究／弘前大学地域社会研究会、(10)、pp.69-76、

参考文献

2017 年

櫛引素夫・西山弘泰「『新幹線学』の構築は可能か―『ポスト整備新幹線』時代に
　向けての論点整理と評価法検討」、地域社会研究／弘前大学地域社会研究会、(11)
　pp.11-23、2018 年

櫛引素夫「整備新幹線は地域をどう変えるのか―青函・北陸・九州の 2018 年度調
　査から―」、地域社会研究／弘前大学地域社会研究会、(12)、pp.1-22、2019 年

櫛引素夫「東北新幹線の開業が地元の生活に及ぼした影響の検証ならびに北海道新
　幹線の開業準備の検討と提言」、平成 26 年度青森学術文化財団助成事業成果報告
　書、44p、2015 年

櫛引素夫「北海道新幹線開業に伴う青森地域の変化の検証準備と提言」、平成 27 年
　度青森学術文化振興財団助成事業成果報告書、44p、2016 年

櫛引素夫「北海道新幹線開業に伴う青函地域と住民の意識変化と提言」、平成 28 年
　度青森学術文化振興財団助成事業成果報告書、44p、2017 年

櫛引素夫「北海道新幹線を活用した青函圏の社会的経済的な連携強化に関する調査
　と提言」、平成 29 年度青森学術文化振興財団助成事業成果報告書、44p、2018 年

あおもり新幹線研究連絡会（青森大学・櫛引研究室、一般財団法人青森地域社会研
　究所、青森商工会議所）「九州、北陸新幹線沿線の変化の検証に基づく、北海道新
　幹線の経済的、社会的活用法への提言」、平成 30 年度青森学術文化振興財団助成
　事業成果報告書、44p、2019 年

櫛引素夫「国土政策と地域振興策から見た東北・北海道新幹線の意義」、新幹線ほく
　とう連携研究会報告書、pp.6-26、2016 年

櫛引素夫『地域振興と整備新幹線：「はやて」の軌跡と課題』、弘前大学出版会、
　136p、2007 年

☆東洋経済オンライン連載「新幹線は街をどう変えるのか」
https://toyokeizai.net/category/ChangeCityOfftheShinkansen

☆櫛引素夫：ResearchMap
https://researchmap.jp/motookushibiki/

著 者 略 歴

櫛引 素夫（くしびき もとお）

1962 年、青森市生まれ。1987 年、東北大学理学研究科地学（地理学）博士課程前期修了。2006 年、弘前大学大学院地域社会研究科（博士後期課程）修了。1987 〜 2013 年、株式会社東奥日報社に勤務。2013 年、青森大学に移り、2016 年から社会学部教授。著書に『地域振興と整備新幹線』（2007 年）ほか。東洋経済オンライン連載「新幹線は地域をどう変えるのか」執筆中。博士（学術）。

書　名	**フォーラム新幹線学 2020** **新幹線は地域をどう変えるのか**
コード	ISBN978-4-7722-4215-8　C1065
発行日	2020（令和2）年 2 月 10 日　初版第 1 刷発行
著　者	**櫛引素夫** Copyright　© 2020 KUSHIBIKI Motoo
発行者	株式会社古今書院　橋本寿資
印刷所	太平印刷社
発行所	**(株) 古今書院** 〒 113-0021　東京都文京区本駒込 5-16-3
電　話	03-5834-2874
F A X	03-5834-2875
U R L	http://www.kokon.co.jp/
	検印省略・Printed in Japan